プログラムのつくりかた

Program

の
つくりかた

How to Create Programs
/ Python

Python

はじめての
プログラミング

入門編

Lv.0
［レベル. ゼロ］

実教出版

目 次
Contents

第 **8** 章 ライブラリの利用 *100*

第1章 プログラミングとは

Chapter

何かの作業をするときに「何で何度も同じ事を繰り返すんだろう」とか「長い計算を電卓に打ち込むのはイヤだなぁ」とか思ったことはないでしょうか。人間にはつらいイヤなことでも，コンピュータにとっては逆に得意とするところなんです。その作業手順をコンピュータに指示することがプログラミングです。

プログラミングとは，ある問題を解決するために行う解決行動の1つです。一般的にはコンピュータを動かすときに使われる考え方です。

1節 プログラミングとプログラム

プログラミングとは，「プログラムを作ること」です。では，プログラムとは何でしょう。

演奏会や上映会，運動会や文化祭の体育館での出し物などが書かれたパンフレットを見たことはないでしょうか。遠足や修学旅行の旅程が書かれた「しおり」でもかまいません。

そこには，演奏順序や上映順序，行われる競技や出し物の順序が並んでいます。あれが，プログラムです。私たちはざっと流れを見るために使いますが，運営側はもっと詳細な細分化された手順

【一般用】

うんどうかい

プログラム

午前の部
開会式
ラジオ体操（全校）
むかで競走（2年生）
かけっこ（1年生）
玉入れ（3年生）
障害物リレー（6年生）

お昼ごはん

午後の部
徒競走（3・4・5・6年生）
ダンス（1・2年生）
大玉ころがし（4年生）
綱引き（5年生）
リレー（全校）
ラジオ体操
閉会式

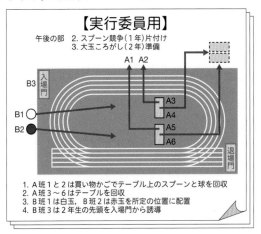

【実行委員用】

午後の部　2. スプーン競争（1年）片付け
　　　　　3. 大玉ころがし（2年）準備

A1　A2

B3

入場門

B1 ○
B2 ●

A3
A4

A5
A6

退場門

1. A班1と2は買い物かごでテーブル上のスプーンと球を回収
2. A班3〜6はテーブルを回収
3. B班1は白玉，B班2は赤玉を所定の位置に配置
4. B班3は2年生の先頭を入場門から誘導

が書かれたプログラムを持っています。また不測の事態や天候不順などによって順序変更や省略が必要になったときの，例外手順も作っているかもしれません。

運営スタッフの誰が見てもわかる書き方（記号など）で書かれていて，誰が見てもその順序に実行

できるもの，それがプログラムです。

　コンピュータの場合は，機械にわかる書き方（文法）で書かれていて，機械が間違えずに実行できるものです。ただ，機械にわかる書き方とは 0 と 1 だけなので，人間には意味がわかりません。そこで，やや機械よりだけど人間にもわかる言語に近い形で書けるように間を取り持ってくれるものが，プログラミング言語なのです。

　プログラムはどこにでも入っています。美味しいご飯を炊くプログラムは炊飯器に，効率よくガソリンを噴出し燃焼させるプログラムは車に，周囲の明るさを判断して輝度を変えるプログラムはテレビに内蔵されています。いやいや，街の交差点の信号機や自動販売機，ロボット掃除機だってプログラムで動いています。

　プログラムを作ると，どのような良いことがあるのでしょう。
　　・同じことをいつまでも繰り返す（単純作業の自動化）
　　・人間がやるよりはるかに高速（高速処理による時間短縮）

プログラムの入っていない暖房機
・スイッチを入れれば，ただ熱くなるだけ
　高温や火災防止で温度が上がりすぎると切れる
　ヒューズという部品で行っている

　もし，エアコンにプログラムが入っていなかったら，暑くなったり寒くなったりするたびに自分で電源の ON・OFF を繰り返さなくてはなりません。昔のヒーターはまさにこれでした。

プログラムが搭載された暖房機
・サーモセンサーで室温を感知・計測
・最適な室温になるように，温度を制御する

　プログラムがあると，センサーという部品が温度を測り，設定温度を保つように何度でも自動的に ON・OFF を繰り返します。人間がスイッチを押しに行くより，はるかに簡単で楽ですね。

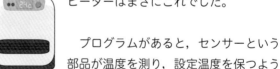

2節 インタプリタとコンパイラ

　プログラミング言語で書かれたプログラムは，リアルタイムで1対1で訳して機械に渡すインタプリタ（同時通訳者）と，一括でまとめて翻訳してから渡すコンパイラ（翻訳者）の2通りで実行されます。インタプリタは書かれた1行ごとに解釈されすぐ実行されるので，すぐに直してすぐ試す場合に向いています。一方コンパイラは丸ごと翻訳なので大がかりですがプログラムそのものの実行スピードは速くできます。

　この本で学習する Python はインタプリタ型のプログラミング言語です。

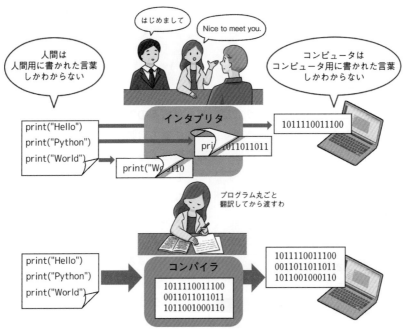

図◆インタプリタとコンパイラの違い

　次ページではさまざまなプログラミング言語を紹介していますが，「その言語はコンパイラしか存在しない」ということではありません。プログラミング言語というのは，文法や機能を定めた仕様なので，これをどのように（どちらで）実現するかは，決まっていません。インタプリタとコンパイラの両方が存在するプログラミング言語もありますし，Python を丸ごと翻訳してしまう方法もあります。

　丸ごと翻訳のコンパイラはエラー発見までに時間がかかるので，都度処理ですぐエラー報告が出てくるインタプリタの方が，学習には適しているでしょう。

各種のプログラミング言語

　プログラミング言語は大昔からのものを含めると，200 〜 300 種類はあります。大型コンピュータの時代からグラフィカルな画面やゲーム，インターネットなど時代ごとにプログラミング言語も流行があります。

　まず，どのような言語なのかを知ることで「学ぶべき言語を決める」，「言語を活用するためのツールの使い方を知る」，「言語（仕様）を学ぶ」というパターンで学習していくのが王道です。

表 1-1 ◆ いろいろなプログラミング言語

言語名称	主な用途	種類	説明
PHP	汎用アプリ開発 バックエンド※	インタプリタ スクリプト言語※	多くの Web サービスで使われている。
Java	汎用アプリ開発 バックエンド	コンパイラ	あらゆる部分で使われる現在の主流。
C#	汎用アプリ開発 バックエンド	コンパイラ	主に Windows 用。一般アプリやゲーム開発にも。
JavaScript	簡易な用途 フロントエンド※	インタプリタ スクリプト言語	Web ブラウザ自身が解釈・実行する。
Swift	汎用アプリ開発	コンパイラ	文法は C 言語に近い。iOS や macOS 用。
R	特定アプリ開発	インタプリタ	統計解析に向くため，学術的な分野で使われることが多い。
Python	汎用アプリ開発 バックエンド	インタプリタ	多くの Web サービスや AI の分野で使われている。
Scratch	学習・教育用	インタプリタ	小学校でよく使われる。
HTML	Web ページの文書構造を記述するためのマークアップ言語で，プログラミング言語ではない。		
SQL	データベース管理システムの定義や操作をするための言語で，プログラミング言語ではない。		

※バックエンド…受け取ったデータを裏側でサーバが処理して，画面上では Web ページの形で返してくる働きをするもの。

※スクリプト言語…比較的単純なプログラムを必要に応じて簡易に記述できるように設計されたプログラミング言語の一つのジャンル。Web 時代になってフロン

トエンドやバックエンドに使われることが多くなった。

※フロントエンド…Webページ上で何かを入力させたり，選択させたりして，それをサーバ側に渡す働きをするもの。簡単な処理はサーバに渡さず自前で処理することもできる。

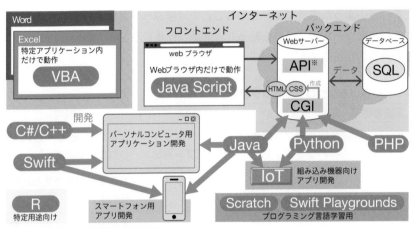

図◆各プログラミング言語の関係性

※API…ネット上に置かれたサービスで，プログラム内から指定の手順で呼び出し，利用することができる仕組みのもの。Web上から入力させたキーワードを複数の検索エンジンAPIに渡して結果を受け取ったり，住所と紐付いた郵便APIに渡して郵便番号を受け取ったりできる。

　フロントエンドのJavaScriptはWebブラウザ内でしか動作せず，VBAはMicrosoft Officeのアプリ内でしか動作しないという制限があります。PythonやJavaはWebブラウザや特定のアプリの制限を受けずに，ローカルのコンピュータで動作するものも，ネットの先にあるサーバ内で動作するものも作ることができます。

　何でもできる万能な技術者も存在しますが，たいていはネットを前提としないゲーム部分が得意だったり，Webサービスのきっちり決まった部分を作るのが得意だったりなど，得意分野は細分化されます。

　ただ，現在はローカル動作のゲームであっても，ランキングをメーカーに送信したり，追加シナリオをダウンロードして組み込めたりなど，最低限のネット知識が必要となる場面が多いようです。

　Pythonは図内ではバックエンドに位置していますが，これはそのような利用が多いというだけで，実際はちょっとしたローカルの処理に使ったり，汎用アプリケーションの開発にも使ったりしています。

プログラミング言語 Python

　人工知能（AI）の実用化が叫ばれ，あらゆる分野に AI 技術の一端が組み込まれるようになってきました。そうした最新の流行にも対応し，しかも初心者が扱いやすいプログラミング言語が Python（パイソン）です。Python には以下のような特徴があります。

・書き方がシンプルなので初心者が取り組みやすい。
・あらかじめプログラムに必要な多くの機能が用意されている。
・多くの企業やユーザが便利な機能を開発して誰でも利用できるように公開している。

　シンプルで使いやすく，取り組みやすいという特徴に加えて，普通のプログラミング言語では難しい AI 関連の命令まで作られて，利用できるように公開されています。自分では作れないような高度な機能や便利な機能は，他人の功績をどんどん利用させてもらいましょう。

Chapter
1

① Python の入手とインストール

　Python は公式サイトのほか，日本語の情報も公開されています。

　　Python 公式サイト　　　https://www.python.org/
　　Python 情報サイト　　　https://www.python.jp/

図 ◆ Python 公式サイト
（画面はアクセス日によってデザインが異なることがあります）

　Python は頻繁にバージョンアップされ，機能が追加・整理されています。日本語で書かれた Python 情報サイトが参考になりますので，まずここを読んでおくのもよいでしょう（非公式ながらも公式ダウンロードへのリンクもあります）。

　機能の強化や変更に伴い，本書で説明している内容と一部異なることが発生してしまうことがありますが，これはバージョンが違うことによる問題です。

公式サイトの上部メニュー「Downloads」をクリックすると，下記画面になります（画面はアクセス日によってデザインが異なることがあります）。

そのときの最新版が「Download Python」としてボタンになっていますので，クリックしてダウンロードします。

ダウンロードされたファイルをダブルクリックすればインストールが始まります。

※インストール方法については付録（p.146）を参照のこと。

② Visual Studio Code の入手とインストール

Microsoft 社は，自社製品として各種のプログラミング言語をリリースしています。Visual Studio というシリーズは，各種の言語を統一した開発環境で作成できるように工夫されたものです。Python がインストール済みの環境に入れることで，最初から Visual Studio の一員だったかのごとくプログラミングに利用することができます。

Visual Studio の中でも，シンプルに「プログラムを書く」部分だけに特化しているのが，Visual Studio Code です。誰でもが無料で利用できる開発環境なので，これをインストールして，複数行のプログラムは Visual Studio Code（以下 VS Code）上で開発していきましょう。

Visual Studio Code（Microsoft 社）
　https://azure.microsoft.com/ja-jp/products/visual-studio-code/

図◆Visual Studio Code のサイト
（画面はアクセス日によってデザインが
異なることがあります）

　利用環境に合ったものをクリックしてダウンロードします。
ダウンロードされたファイルをダブルクリックすればインストールが始まります。
※インストール方法については付録（p.152）を参照のこと。

図◆インストール完了直後の画面
（画面はインストールしたバージョ
ンによってデザインが異なることが
あります）

　インストール終了後，「Visual Studio Code を実行する」にチェックが入っている状態で「完了」ボタンをクリックすれば，直ちに利用することも可能です。

コラム	見た目（配色）は変えられる

　何も変更せずにインストールすると，画面やプログラム本文（コード）の配色は，Dark+（規定の Dark）になります。コードは役割によって色分けされているので，配色は「配色テーマ」として色のセットで分類されています。
　明るいタイプや暗いタイプ，クリーム色っぽい背景のものまでありますから，自分の見やすさとともに，楽しさでも選んでみるとよいでしょう。
　また，配色テーマを追加インストールすることもできます。

5節 Python プログラムの作成から実行までの手順

Python をインストールすると，同時に簡易な実行環境である IDLE（アイドル）も一緒にインストールされます。

まずは Python に慣れるために，IDLE を使ってみましょう。

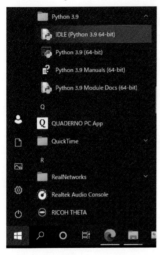

Python のインストールが完了していれば，スタートメニューの中に Python のカテゴリができていますので，「IDLE」をクリックします。

（画面はインストールしたバージョンによってデザインが異なることがあります）

「シェルウインドウ」と呼ばれる新しいウインドウが開いたと思います。

一番最後の文字「>>>」はプロンプトと言って，この後ろに Python の命令を書き，エンターキーを押すだけで実行してくれます。まずは，print命令を使って，計算や表示をさせてみましょう。

```
print(1 + 1)
2
```

引き算も計算します。

```
print(2024-2018)
6
```

これは，「元号を知りたい西暦 − 2018」の計算ですね。

文字も表示できます。文字は " " でくくる必要があります。

```
print("Hello")
Hello
```

日本語を入力するときは, 全角と半角の切り替えに注意しましょう。ダブルクォーテーションを全角にするとエラーになります。

```
print("こんにちは")     「"」が全角で入力されている
SyntaxError: unterminated string literal (detected at line 1)
                                                    エラーメッセージ
```

「,」で区切れば複数の処理も可能です（文字列, 計算式）。

```
print("2024 年の元号は " , 2024-2018)
2024 年の元号は  6
```

「,」で区切れば複数の表示も可能です（文字列, 文字列）。

```
print("Hello" , "World")
Hello World
```

「+」記号を使って, 文字の連結もできます（単語間に空白が入らない）。

```
print("Hello" + "World")
HelloWorld
```

でも以下の書き方は, 文字と数字が混在しているので, 失敗します。

```
print("Hello" + 2024)
Traceback (most recent call last):
  File "<pyshell#7>", line 1, in <module>
    print("Hello" + 2024)
TypeError: can only concatenate str (not "int") to str
```

Python は「文字と数字を明確に区別する」と覚えておいて下さい。

コラム　インタプリタらしい使い方

　　Visual Studio Code を使ってのプログラム開発は, プログラムを書く部分と実行結果が表示される部分が分かれていて, 見た目は一気にプログラムが実行されたように感じます。

　　IDLE を使うと, 命令を 1 つするたびに反応が返ってきて終了するため, インタプリタであることを実感します。

① Python の決まり事

- 文字はダブルクォーテーションかシングルクォーテーションで囲む。「"」でも「'」でもどちらでもかまわないが，対（つい）になっていないとエラーになる。
- 文字と数字や計算結果を同時に表示できる。
- 命令は 1 行につき 1 つが基本。行末に「;」を書いても良いが，基本的には書かない（ほかの言語と違うところ）。
- どうしても，1 行内で複数の命令（処理）を書きたいときだけ「;」で区切る。

（例）

```
print (" 私の ") ; print (" 名前は ") ; print ("Python です ")
```

　逆に見やすくするために，わざと 1 つのステートメント（命令のひとまとまり）を複数行で書くこともできます（以下の例では，修正するときに Python という単語を見つけやすい）。

（例）

```
print (" 私の名前は " ¥
    + "Python" ¥
    + " です ")
```

- プログラム途中の不必要な改行はエラーになります。
  人間の都合で見やすさを考えて勝手に改行を入れるとエラーになります。

- 記号の # 文字は，以降をコメントとする特殊文字です。

（例）

```
# コメントになっている行
y = 9      #こういうふうに，行の途中からコメントにすることもできます
#x = 5    # 行の先頭に入れれば一時的にその行の命令を無効にできて便利
```

- ダブルクォーテーションを 3 つ並べると，複数行をまとめてコメントにすることができる。

（例）

```
"""
この行はコメントです。
続いてこの行もコメントです。
"""
```

　どのようなプログラミング言語でも，コメントする機能が搭載されているのが標準です。Python では 1 行のコメントと複数行のコメントでは，使う記号が分けられています。ひとまとまりで説明した方がわかりやすい場合と，その行に特に説明が必要な場合で使い分けましょう。

　プログラムは業務での開発の場合，複数人で部分に分かれて作り，最後に合体するというような作業をすることがあります。自分の頭の中だけで作業手順が分かっていても，その部分のプログラムが何をするか伝わりにくい書き方をしていることもあります。そのため，コメントを残しておく事は必須なのです。相手は，コメントを見て自分の部分との接続性を考えて開発もできますし，最悪作成者が居なくなってしまってもコメントを元に修正や拡張をすることができます。

　あまりにもコメントが多すぎると行数が増えて，プログラム全体の見通しが悪くなるというデメリットもありますが，「何をしているのか」，「どうしてその処理方法を選択したのか」，「例外的な処理なのか毎回なのか」などはもちろん，修正者や修正年月日を残しておくと，問題発生時の解決が早くなります。

　何よりも，プログラムを書いた本人も 3 日ほどたつと他人と一緒の状態になり，なんでこのような物を書いたのか忘れてしまうことが頻発します。その部分を読み解くことから作業を始めていては，いつまでも終わりません。コメントを書くのは他人のためではなく，自分のためでもあるのです。

1 章のまとめ

□ プログラムとは大きな問題を分割し，自分や相手がわかるように順番に書かれた行動指示書。

□ コンピュータにプログラムで仕事をさせると単純作業でも高速に実行。

□ コンピュータと人間を取り持つプログラミング言語は，同時通訳に似たインタプリタと，まるごと翻訳するコンパイラの 2 種類に分けられる。

□ プログラミング言語は特定用途に向いたものや，アプリ作成に向いた汎用性の高いものや，裏方での動作に適したものなどさまざまある。

□ プログラミング言語の Python は読みやすく便利な機能も多いので，初心者に向く。

□ Python の print 命令は文字や数字の表示や計算結果の表示が行える。

□ print 命令で文字を表示するには，括弧内でダブルクォーテーションで囲む。

第2章 プログラムの作り方

Python

Chapter

2

第 章

プログラムの作り方

みなさんは自分だけで料理を作ったことがありますか？
材料の下ごしらえや調味料の種類・分量を間違えると,
まずい料理ができあがってしまいます。実はプログラムを
作るのも同じようなものなんです。できあがるのは美味し
い料理ならぬ便利な楽しいアプリですけどね。
では,具体的に「プログラムを作ること」とは,どうい
うことをすればよいのでしょうか。ここでは,プログラム
を作成するにあたって必要となる基本的な知識と考え方を学びます。

1 節 プログラミングで覚えること

1 プログラムの構造

　プログラムとは,そのままでは解決できない大きな問題を,解決に用いる道具
（ツール）の仕様に従って小さく分割し,実行順に並べたものです。
　プログラムの構造として覚えておく必要があるのは 3 つだけです。

　　順次
　　条件分岐（判断）
　　繰り返し（ループ）

　詳しくは後の章で説明しますが,考え方としては難しくありません。
・プログラムは基本的にすべて並べた順に「**順次**」実行される。
・何らかの例外処理がしたいときだけ,その「**条件**」によって実行先を「**分岐**」
　させられる。
・特定の回数や条件を満たすまで,一定の区間を「**繰り返し**」処理を行わせるこ
　とができる。
これだけです。

　常に 3 つが 1 つのプログラムに存在しているということではなく,順次だけの
プログラムを基本として,条件分岐が含まれていたり,繰り返しが含まれていたり
します。また,条件分岐の過程で行われる処理や繰り返しの内部で行われる処理も
複数行あれば,書かれた順序で実行されます。

2節 フローチャート

　頭の中ですべてが組み立てて考えられる人はともかく，たいていは手順を間違えないように，忘れないように，メモ的に書き出すことが多いと思います。そのときに用いる汎用的な記号とその書き方が「フローチャート（流れ図）」です。先ほどの順次や分岐，繰り返しなど，すべて特定の記号が用意されています。

　頭の整理を図示で行う，いわゆる処理の流れの「見える化」がフローチャートです。共通の書き方なので，見ず知らずの他人が初めて見ても何を行うものなのかわかり，自分も時間がたって記憶が薄れても読んで理解することができます。

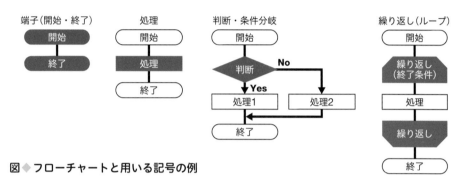

図◆フローチャートと用いる記号の例

表 2-1 ◆ フローチャートで使われる記号一覧（一部）

記号名	意味	一般的に用いる図形
端子（終端記号）	開始または終了に使う。	
処理	処理，行動，機能の説明に使う。	
書類	書類の入出力に使う（複数の場合は右側を使う）。	
入出力	データの入出力に使う。	
手動入力	キーボードなどからの入力に使う。	
表示	画面への出力に使う。	
準備	処理前の準備作業に使う。	

判断	処理の選択・分岐に使う。	
結合子	ひとまとまりで図示できないときの「続き」を示すときに使う。	
定義済み処理	処理をひとまとまりにしたものに使う（関数）。	

※なお，本書では読みやすさを優先するために，書類から準備までは「処理」の記号に含めて表記している。

　カレーを作るレシピでフローチャートを作ってみましょう。

　材料を一口大に切って，その材料を炒め，続いて煮込み，ルウを入れてからさらに煮込めば完成という作業（処理）の流れを図示すると，下のようになります。

　これだと，ベテランならカンで作れるかもしれませんが，初心者には煮込めたかどうかの判断を入れないと，具材が生煮えのカレーになってしまいます。

図◆フローチャートにした例

図◆カレーのレシピ例

コラム　プログラムを図解する方法

　フローチャートは1921年に生産管理技術者のフランク・ギルブレスとリリアン・ギルブレスの夫妻が「フロープロセスチャート」をアメリカ機械学会（ASME）で紹介したのが普及の始まりといわれています。

　プログラムを図示する方法にはほかに，NSチャートやPAD，アクティビティ図などがあります（p.27 参照）。

そこで「やわらかい」状態になったかどうかの条件分岐を入れれば，右のようになります。

そもそも「やわらかい」の判断が難しい初心者向けだったら，1人前なら何分，2人前なら何分という知識も盛り込んだ方が良いでしょう。

作る料理によって，最後で分岐させたり，最初で分岐させたりすると，より汎用的なフローチャートになります。

図◆条件分岐での繰り返し

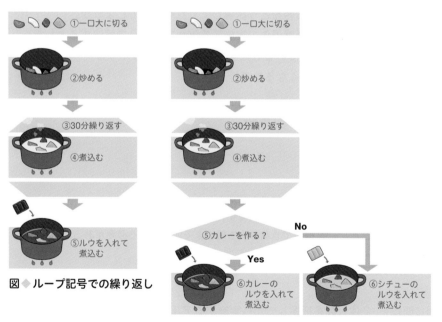

図◆ループ記号での繰り返し

図◆何を作るかで条件分岐あり

3節 アルゴリズム

何らかの問題を解決するために使うものの考え方を「アルゴリズム」といいます。例えば先ほどの料理の例でも，どのように「下ごしらえ」を段取りよく行うかで，その後の時間やできあがりに影響を与えることになります。だから，このような料理ではこうする，といった「定番のやり方」が広く知られているわけです。

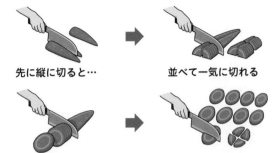

先に縦に切ると…　　　並べて一気に切れる

先に輪切りにすると…　　一枚一枚，切ることに…

結果は同じになるが，「包丁を入れる回数」「手間」が大幅に異なる。

1 アルゴリズムとは

例えば，文化祭の模擬店などで，6席しかない部屋でカレーを提供しようと思ったとき，並んで待っているお客をどう誘導してくればよいでしょうか。

全体人数は数えずに対応速度優先で実施するアルゴリズムで解決するとしたら。

1. とりあえず待機場所にいる6人ずつを部屋に誘導してくる
2. 待機場所に人がいなくなるまで行う

フローチャートで書くとこんな感じ。

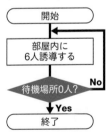

特徴
すぐに提供を始められる。
何回部屋に誘導すれば終了するかわからない。
提供できない人も最後まで並んでいる必要がある。

図◆条件分岐で処理した例

同じ問題を，全体人数を把握してから実施するアルゴリズムで解決するとしたら。

1. 待機場所の人数を数えて確認する
2. 人数を6で割る
3. カレーの分量が足りない人たちは帰ってもらう
4. 提供範囲内の6人ずつの回数分を部屋に誘導する

フローチャートで書くとこんな感じ。

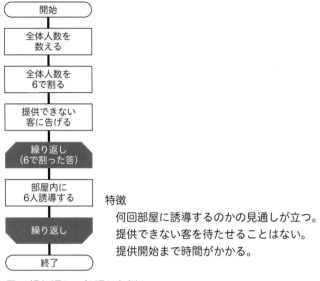

特徴
何回部屋に誘導するのかの見通しが立つ。
提供できない客を待たせることはない。
提供開始まで時間がかかる。

図◆繰り返しで処理した例

これ以外にも方法はありますが，どの方法を選んでも一応の解決はします。ただ，
　　正確さなのか
　　迅速さなのか
　　時間管理なのか
何が優先するのかによって，用いるアルゴリズムは変わります。
　　お客にじっとしていられない子どもが多かったら？
　　文化祭終了時間が迫っていたら？
　　その方法で昨年度何らかの問題が起こっていたら？

　日常の中でも，このようなものの考え方を知っていると役立つことがわかりました。これはプログラミングでも同じで，長い歴史の中で，ある場面では最適と思われる解決方法として，一般化したものがアルゴリズムとして使われています。
　プログラミングの経験が長い者なら，知っている・使ったことがあるアルゴリズムはいくつもあります。

　高等学校の「情報Ⅰ」という科目では，アルゴリズムとしてデータの中から該当するものを探す「探索（サーチ）」と，バラバラなデータを一定のルール（大きい順：降順や小さい順：昇順）で並べる「並べ替え（ソート）」は，必ず学習することになっています。次ページから確認してみましょう。

2 探すアルゴリズム「二分探索」

　探すというのは，データの集まりに中から数字や文字が一致するものを「＝」の比較記号で見つけ出すということです。どれから比較していくかという考え方によって，探せるスピードが変わります。

　ちょっとある事件が起こったとして，考えてみましょう。
　　誰かが徒競走で帽子を落とした！
　　調べたら帽子をかぶっていない児童が10人いた。
　　頭の大きさ順に並んでもらって（何人か同じサイズの児童がいたとして）
　　並んだ真ん中のサイズの児童（53cm）にかぶせてみる。
　　　「大きすぎてブカブカだった」53cm以下の児童は帰ってもらう。
　　残りの5人の真ん中のサイズの児童（56cm）にかぶせてみる。
　　　「今度は小さすぎて入らなかった」56cm以上の児童は帰ってもらう。
　　残った2人のどちらかが落とした児童。

　やみくもにかぶせていくと，最悪10回試さないと帽子を落とした児童は見つかりませんが，この方法なら3回以内に見つかります。ただし，児童の頭の大きさが順序よく揃っていることが条件です。図で示すと以下のようになります。

図◆二分探索で帽子にピッタリ合う児童を探すには…

　ただ，このアルゴリズムは，何らかの順序で並んでいないと使えませんので，別に「並べ替えのアルゴリズム」も活用されます。

③ 並べ替えるアルゴリズム「選択ソート」

（ソート）並べ替えるというのは，データの集まりを「＞」，「＜」の比較記号で互いに見比べて，大小に入れ替えるということです。どれとどれを，どのように比較していくかでスピードなどが変化します。

（5,4,3,6,2,1）この並び順でスタート

（1,4,3,6,2,5）最小値である 1 を発見。一番左と交換。1 番目の要素が確定。

（1,2,3,6,4,5）次に小さい値 2 を発見。2 番目と交換。2 番目の要素が確定。

（1,2,3,6,4,5）次に小さい値 3 を発見。移動なし。3 番目の要素が確定。

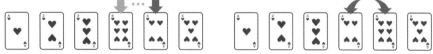

（1,2,3,4,6,5）次に小さい値 4 を発見。隣と交換。4 番目の要素が確定。

（1,2,3,4,5,6）次に小さい値 5 を発見。隣と交換。5 番目の要素が確定。
残りが 1 つしかないので 6 番目の要素も確定。

並べ替えのアルゴリズムには，選択ソートのほかにもバブルソートやマージソートなど，いくつもの種類があります。図書館の本やネットなどで調べてみましょう。

④ 日常でも見かけるアルゴリズム

　最近のエレベーターは，呼び出されることの多い階に停止しておき，平均待ち時間をポイント化して割り当てる，という考え方で運用しているものもあります。また，低い階で下りボタンが押されても，まず上階の方から客を乗せてから下ってくるというのもアルゴリズムです。

　道路の信号機も，主道路・従道路，昼夜・夜間，交通量によっても変わりますが，車に対する交通量が多いところほど，青の時間の切り替え時間が長いと渋滞することが知られています（Webster の近似式で計算されます $[C = (1.5L + 5) / (1 - \lambda)]$）。

　産業用ロボットが組み立てや色塗りをするのも，人間の動作とは異なる動きができるロボットに最適化されたアルゴリズムがあります。

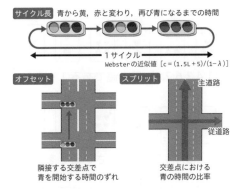

図◆信号機の青の時間を決める 3 つの要素

　イルミネーションやテーマパークのライド系アトラクションなどのエンタテインメント系も，決まったパターンでプログラム化され，運用上最適なアルゴリズムが用いられます。

　その他，カーナビやショッピングサイトでのおすすめ商品（レコメンド），天気予報など，あらゆる場面で時と場合によってアルゴリズムが使い分けられています。

　数学的な理屈を知らなくても「それ」を使えば答えが得られる，というのがアルゴリズムの基本です（もちろん原理を知って仕組みを理解している方が適切に選択できますが）。よく知られた（「枯れた」と表現する）アルゴリズムは多くの場面で使われています。

　アルゴリズムが使われる分野
・並列，分散，近似，ヒューリスティック
・圧縮，暗号，誤り訂正
・ページランク（検索サイトの表示順）
・顔認識，音声認識

　コンピュータウイルスを探すことだったり，映画などを収録した DVD のような光学ディスクの読み書きだったり，スマートフォンやスマートスピーカーだったりに部分的にあるいは組み合わせて使われます。

　この方法だとすぐ解ける（解決する）ものにするのか，または，この方法だと時間がかかるが誰にでもできるものにするのか。「より速く」なのか，「より確実に」なのか。前提条件が変われば用いるアルゴリズムも変わるのです。

◆フローチャート以外の図示例

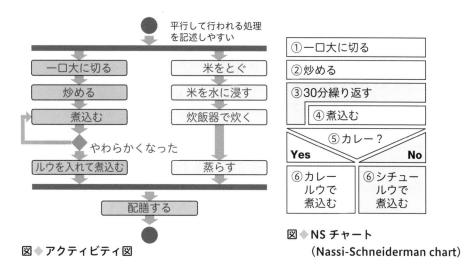

図◆アクティビティ図

図◆NSチャート
（Nassi-Schneiderman chart）

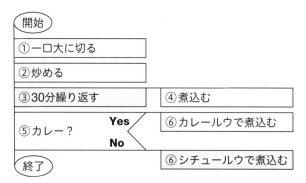

図◆PAD（Problem Analysis Diagram）

2章のまとめ

□ プログラムの構造は「順次」と「条件分岐（判断）」と「繰り返し（ループ）」
の3つが基本。うまく組み合わせると，どのような処理でも行える。

□ 構造をわかりやすく把握し他人にもわかるように図示したものがフロー
チャート。プログラムを作るときの補助になる。

□ 物事の問題解決のために，よく知られた解決手順がアルゴリズム。場面や
条件によって向き不向きがある。

順次処理

例えば，たい焼きを売る屋台では，大勢の列に並ぶお客様の注文に応じて並んだ順番に売りますよね。決して順番を飛ばさず，必ず順番を守って注文を処理していく。この動きはコンピュータの基本動作でもあります。

命令を並べたら，その順序通りに実行されていくものが「順次」処理です。ここでは，順次処理で作ることができる実用プログラムを作成してみましょう。

1 節 ファイルから読み込んでプログラミング

1章の IDLE を使ったやり方では，1つの命令ごとに何回も入力が必要になりました。Python は，行いたいことをすべて書いて，ファイルとして保存したものを読み込んで実行させることもできます。

1 まとめて複数行をプログラムしてみる

複数行のプログラムを書いてみましょう。そのためには，すでに1章でインストール済みの Visual Studio Code を使います。

① Visual Studio Code が起動したら，[ファイル（F）]→[新規ファイル]をクリックして新しいファイルを作ります。

②画面右下にある［プレーンテキスト］と書かれた部分をクリックします。

③画面上部に［言語モードの選択］がプルダウンしますので，「Python」を選択します。これでプログラムを入力する準備が整いました。

例題 3-1

表示したいメッセージを順に3つ表示するプログラムを作りなさい。

①以下のプログラムを入力する

プログラム 3-1[1]

```
1    print("Hello")
2    print("Python")
3    print("World")
```

※先頭の1, 2, 3は説明用の行番号です。入力はしません。

解説

1行：print命令で「Hello」の文字を表示させる。

2行：print命令で「Python」の文字を表示させる。

3行：print命令で「World」の文字を表示させる。

②プログラムを保存する

以上の3行を書いたら，保存します。

［ファイル（F）］→［名前を付けて保存］をクリックします。

ファイル名の末尾（ドットの右側）には，Pythonのプログラムであることを示す「py」という拡張子が必ず付きます。

保存しないままだと，プログラムを実行することができません。

また，Cドライブは大事なファイルが一杯ある場所なので，保存先によってはエラーになりますので，注意してください。

③プログラムを実行する

プログラムの実行は，右上の▷をクリックすることで行われます。

---

[1] 3章以降のプログラムは, Visual Studio Code (Ver1.67.1) の［ファイル］−［ユーザ設定］−［配色テーマ］を【Light＋（既定の Light）】に設定した状態のシンタックスハイライトに準じて着色しています。お使いの環境によっては，紙面とは異なる色で表示されることがありますが，その場合は，読み替えて学習を進めて下さい。

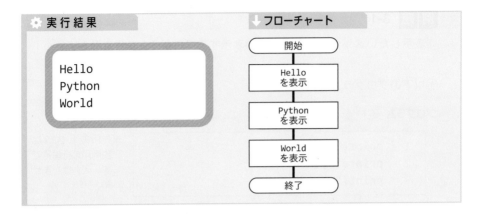

出力結果を見ると，書かれている行の上から順に実行され画面に表示されていることがわかります。

後日，同じプログラムを実行したいときは，Visual Studio Code から保存したプログラムを読み込めば同じ状態になりますので，③の実行だけで OK です。

練習問題 3-1

表示する文字列を「イチゴ」，「メロン」，「バナナ」の 3 つに変更して，表示結果を確認しなさい（全角と半角の違いに注意）。

注意 ❗ ファイル名に注意

プログラムに名前を付けて保存するとき，print など Python があらかじめ利用している命令などの英単語は使わないようにしましょう。思わぬエラーが発生することがあります（次節から学習する命令やプログラム内で示されているものは避ける）。

また，Visual Studio Code 以外でプログラムを書いている場合は，保存するときに拡張子は「.txt」ではなく「.py」で保存するようにしましょう。

ひと通りの実行と結果の確認もしくは修正が終わったら，[ファイル（F）] から [保存] をクリックします。

このファイルを後日読み込みたいときは，[ファイル（F）] から [ファイルを開く] で保存した場所（フォルダ）に行き，ファイル名を選択して 開く（O） ボタンをクリックすれば続きを作る事もできます。最初の保存場所に気をつけないと，ファイルを行方不明にしてしまうので注意が必要です。

　ダブルクォーテーションで直接文字を出すことができますが，何度も同じ文字を使ったり，複雑な計算をしたりしたいときは，一時的に値を格納する器である「変数」を利用します。変数はその名の通り，中に格納する値を常に変化させることが可能なので，一時的な計算によく使われます。

　ただ，変数には格納する値に対応した「型」が存在するので，必要に応じて使い分けてください。最初に格納した値によって，型は自動的に決定されます。型が異なる同士の計算は，そのままでは行えないので注意しましょう。

表 3-1 ◆ Python で利用できる変数の一覧

データ型	分類	説明
int	整数型（数値型）	一般的な個数や連番などで利用する。
float	浮動小数点型（数値型）	小数点を含む数値は，すべてこの型。
str	文字列型	文字を扱うときに使う型。
bool	ブール型	True か False という 2 種類の文字の値しか格納されない型。

Chapter
3

1 桁でも 1 文字でも
何桁でも何文字でも

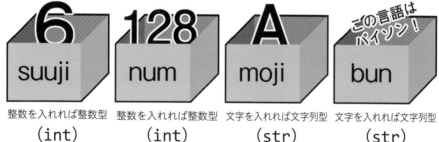

整数を入れれば整数型　整数を入れれば整数型　文字を入れれば文字列型　文字を入れれば文字列型
（int）　　　　　　　（int）　　　　　　　（str）　　　　　　　（str）

図 ◆ 変数という器

　パソコンの Python 環境では，浮動小数点の精度は 15 桁ほど（有効桁数）なので，これを超える小数点以下の数字が並んでも，正しく表示する事も計算する事もできないので，注意が必要です。

　整数型では最初 28 ビットほどしか確保されませんが自動で拡張される仕組みになっているので，非常に大きな数字でも格納することができます。

1 変数の使い方

Python は，あらかじめ「この変数はこの型です」と宣言しなくても，変数に何か値を入れれば，その値に応じて変数をその型にしてくれます。ただし，以下の例では注意が必要です。

```
a = "2"
b = 1.4142
c = a + b
print(c)
```

- `a = "2"` ← " " でくくって 2 を代入したので，変数 a は文字列型になった
- `b = 1.4142` ← 1.4142 を代入したので，変数 b は浮動小数点型になった

上記のような文字列型の変数 a と浮動小数点型の変数 b という異なる型どうしの計算はエラーになります。

`a = 2.0` のように同じ浮動小数点型で入力するか，型を変更してから計算させる必要があります。型を後から変更する命令は複数あります。

int()………文字列型の整数や，浮動小数点型の整数部分を，「整数型」の整数に変換する命令。

float()……文字列型の数字や，整数型を，「浮動小数点型」の小数に変換する命令。

str()………整数型や浮動小数点型の変数を，「文字列型」の文字に変換する命令。

上記の例では，計算している部分を `c = float(a) + b` とすれば解決し，3.4142 と表示されます。また，同じ数値型であれば計算できるので，`c = int(a) + b` としても同じ結果が得られます。

なお，「+」記号は文字列型どうしの場合では，連結する意味になるので，計算している部分を `c = a + str(b)` とすると，21.4142 と表示され，実行結果はともかく，エラーは解決できます。

2 変数名の注意

変数の命名に使う英数文字は自分で決められますが，以下のルールを守る必要があります。

・基本的に英字，数字とアンダースコア（_）以外の記号は使えません。
・Python が使っている print など命令の名前は変数に使えません。
・先頭を数字にすることはできません（途中や末尾なら OK）。
・空白を含むことはできません。

③ 入力をさせる命令　input()

　私たちがキーボードから入力した文字や数値をプログラム内で活用するための命令が input です。入力させたものを格納する場所が必要なので，変数の定義が必要です。

> キーボードから入力させる命令（入力内容は変数に格納される）
> 変数 = input("画面に表示する文字列など")

例題 3-2

　キーボードから名前を入力させ，プログラム内で用意した文字と合体させて表示するプログラムを作りなさい。

プログラム 3-2

```
1   a = input("名前を入力>")
2   print(a , "さんですね。")
```

解説

1行：画面上に「名前を入力>」と表示して入力を促している。キーボードから入力された文字は，変数 a に格納される。

2行：変数 a の後に「さんですね。」という文字を続けて表示している。

実行結果

> 名前を入力>太郎
> 太郎さんですね。

「太郎」と入力した場合

フローチャート

3 節 四則計算

　入力をさせ，画面に出力することができました。せっかくのコンピュータですから，さまざまな計算をしてもらいましょう。

　Python の計算で使われる記号は，以下のようになっています。

表 3-2 ◆ Python で使える演算子一覧

演算子	説明
+	足し算（加算）
-	引き算（減算）
*	かけ算（乗算）数学記号では「×」
/	割り算（除算）数学記号では「÷」
//	割り算をした結果の小数部分を切り捨てた値
%	割り算をした結果の余りの部分だけの値
**	べき乗（2**4 と書くと 2 の 4 乗を計算する）数学では「2^4」

　計算に使う，こうした記号は「演算子」と呼ばれます。

```
a = 1
a = a + 1
```

　というように書くと，2 行目は最初に 1 が代入されている変数 a に，さらに 1 を加えて変数 a に代入し直すことになります。

```
a = a + b
```

　というように書くと，変数 a と変数 b の中に入っている数値を足し算し，変数 a に代入し直すことになります。

　また，a = a + b は　a += b という書き方もできます（-, *, / でも同様）。

　複数の変数に同時に同じ値を入れるときは，以下のような書き方ができます。

```
a = b = c = 0
```

　上の例では，すべての変数に同時にゼロを代入しています。

① 重さの換算プログラムを作ろう

レストランでは，ハンバーグの重さなどがポンドで表記されていることがあります。これをグラムに直すプログラムを作ってみましょう[1]。

例題 3-3

キーボードからポンドで入力させた重さを換算して，グラムで表示するプログラムを作りなさい。ただし，1ポンドは450グラムとする。

プログラム 3-3

```
1    a = input("重さをポンドで入力>")
2    b = a * 450
3    print("グラム換算は:", b)
```

解説

1行：「重さをポンドで入力>」と表示して，入力された文字をそのまま
　　　変数 a に代入。
2行：変数 a に 450 をかけ，変数 b に代入。
3行：「グラム換算は：」という文字と変数 b の内容を表示。

実行結果

```
重さをポンドで入力> 1
グラム換算は：1111111111111111111111111111111111111111111
1111111111111111111111111111111111111111111111111111111111
1111111111111111111111111111111111111111111111111111111111
1111111111111111111111111111111111111111111111111111111111
1111111111111111111111111111111111111111111111111111111111
1111111111111111111111111111111111111111111111111111111111
1111111111111111111111111111111111111111111111111111111111
1111111111111111111111111111111111111111111111111111111111
11111111111111111111111111111111
```

なにやら愉快な（困った）ことが起きました。何が起きたかわかりますか？

これは入力した「1」が450個表示されたのです。実は文字に対して演算子「*」を使うと，かけ算ではなく，その数だけ文字を表示する意味になります。

---

[1] 重さの単位は，国際単位系（SI）では「ニュートン」であるが，ここでは日常的に使用されている「ポンド」や「グラム」を用いている。「ポンド」や「グラム」は SI では質量の単位である。

input 命令はキーボードから入力されたものはすべて文字として扱うので，このようなことが起きます。整数として扱うためには，input 命令全体を変換命令で囲みます。

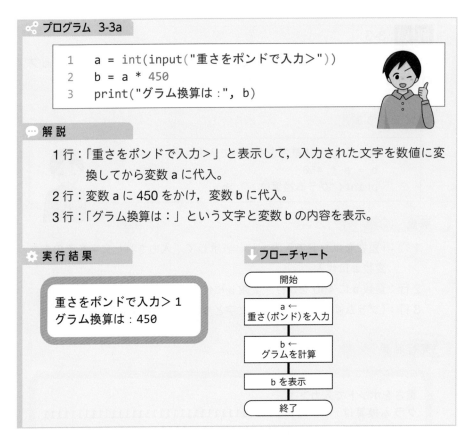

プログラム 3-3a

```
1    a = int(input("重さをポンドで入力>"))
2    b = a * 450
3    print("グラム換算は：", b)
```

解説

1行：「重さをポンドで入力>」と表示して，入力された文字を数値に変換してから変数 a に代入。

2行：変数 a に 450 をかけ，変数 b に代入。

3行：「グラム換算は：」という文字と変数 b の内容を表示。

実行結果

重さをポンドで入力> 1
グラム換算は：450

フローチャート

開始
↓
a ←
重さ（ポンド）を入力
↓
b ←
グラムを計算
↓
b を表示
↓
終了

もちろん，計算式の部分を b = int(a) * 450 としても結果は同じです。

【復習】32 ページで説明した 3 つのタイプの具体的な書き方（int の例）

int()		変換処理
書式	int(文字として入力された数値データ)	
説明	input 命令による数値代入など，人間の見た目には数字でも Python からは文字として認識されるものを**整数**に変換する。	

次は，もう少し精度の高い変換をしてみましょう。

450 という数字は概数なので，ほぼ正確な小数点を使った値で計算するには，整数型に変換する int() ではなく，浮動小数点型に変換する float() を使います。

例題 3-4

キーボードからポンドで入力させた重さを換算して，グラムで表示するプログラムを作りなさい。ただし，1 ポンドは 453.592 グラムとする。

プログラム 3-4

```
1    a = float(input("重さをポンドで入力>"))
2    b = a * 453.592
3    print("グラム換算は：", b)
```

解説

1 行：「重さをポンドで入力>」と表示して，入力された文字を小数点に
　　　対応した数値に変換して変数 a に代入。

2 行：グラムに換算して，変数 b に代入。

3 行：「グラム換算は：」という文字と変数 b の内容を表示。

実行結果

```
重さをポンドで入力> 1
グラム換算は：453.592
```

float() は小括弧を input() にかぶせるようにして記入しましょう。
こうして入力が整数でも小数でも計算できるプログラムができました。

練習問題 3-2

逆にグラムを入力したらポンドで表示されるプログラムを作りなさい。

コラム　質量の単位の種類

ポンドは記号に（lb）を使います。また，ポンド以外でも以下のような
質量の単位が知られています。

1 オンス（oz）は 28.349523125 グラム

（ヤード・ポンド法：1 ポンド ＝ 16 オンス ＝ 7000 グレーン）

1 貫（かん）は 3750 グラム（尺貫法）

1 カラット（ct）は 0.2 グラム（宝石の質量単位）

2 広さの換算プログラムを作ろう

　テレビ番組を見ているとよく聞く「東京ドーム○個分」という表現をプログラムで実現してみましょう（m² は「へいべい」と入力して変換します）。

例題 3-5

　キーボードから km² で入力した面積を変換して，東京ドームの個数分の広さで表示するプログラムを作りなさい。なお，東京ドームの面積は，46,755m²（0.046755km²）とします。

プログラム 3-5

```
1    a = float(input("比べたい地域を km² で入力>"))
2    b = a / 0.046755
3    print("東京ドーム", b , "個分の広さです")
```

解説

1 行：「比べたい地域を km² で入力>」と表示して，入力された文字を小数に対応した数値として変数 a に代入。

2 行：基準となる 0.046755 で変数 a を割り，変数 b に代入。

3 行：「東京ドーム」という文字と変数 b の内容，「個分の広さです」を表示。

実行結果

比べたい地域を km² で入力> 11.66
東京ドーム 249.38509250034756 個分の広さです

フローチャート

上記の例では千代田区の面積と比べてみました。

問 3-1　自分の地域のランドマーク（地元でよく知られる建造物）を尺度に高さや広さを比較できるように調べてみなさい。

比べたい高さを入力させ，東京タワーの高さ（333m）何本分か計算する
プログラムを作りなさい。

③ 税込み計算プログラムを作ろう

海外に行ったとき，消費税は地域によって異なるため，商品を見ても実際にはい
くらなのかがわかりにくいことがあります。プログラムに税込み計算をさせてみま
しょう（単位はドルとします）。

なお，アメリカの税率に関しては，以下の Web サイトを参照（https://www.
usa.gov/state-taxes）。

例題 3-6

各国や地域で異なる税率計算に対応したプログラムを作りなさい。ただし，
税率はロサンゼルスは 9.5%，テキサスは 6.25%，ハワイは 4%，日本は
10% で 1 ドルを 120 円として計算すること。

プログラム 3-6

```
1    a = 1.095
2    b = 1.0625
3    c = 1.04
4    d = 1.1
5
6    e = float(input("値札の値段は＞"))
7
8    print("ロサンゼルス（9.5%）", e * a)
9    print("テキサス（6.25%）", e * b)
10   print("ハワイ（4%）", e * c)
11   print("日本（1ドル=120円）", e * 120 * d , "円")
```

解説

1～4行：各国や地域の税率を税込み価格で計算できるように，1 + 税率
としている。

6行：「値札の値段は＞」と表示して，入力された文字を小数に対応した
数値として変数 e に代入。

11行：日本だけ，円レートになるようにしている。

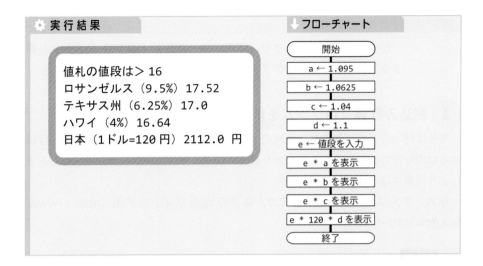

実行結果

値札の値段は＞ 16
ロサンゼルス（9.5%）17.52
テキサス州（6.25%）17.0
ハワイ（4%）16.64
日本（1ドル=120円）2112.0 円

フローチャート

```
開始
a ← 1.095
b ← 1.0625
c ← 1.04
d ← 1.1
e ← 値段を入力
e * a を表示
e * b を表示
e * c を表示
e * 120 * d を表示
終了
```

　頻繁に変更されたり，いつ変更されるかわからなかったりするような値は，計算式内に直接書くのではなく，変数にしてわかりやすい場所に置いておくと，プログラムの修正が楽になるのです。

練習問題　3-4

　　　ベルギーの税率を 21%，フランスの税率を 20%，ドイツの税率を 19% とした場合の税込み計算プログラムを作りなさい。
　　　また，日本の対ドルレートを可変（キーボードからの入力）にするようにしなさい。

④ BMI 計算をする

　BMI[1]とは，［体重（kg）］÷［身長（m）の 2 乗］で算出される値で，肥満や低体重の判定に用いる計算式です。

　日本肥満学会の定めた基準では 18.5 未満が「低体重（やせ）」，18.5 以上 25 未満が「普通体重」，25 以上が「肥満」です。詳しくは，厚生労働省の Web を参照してください。

　肥満度を表す指標として国際的に用いられている体格指数で，ボディ・マス指数の頭文字を取って BMI と呼ばれています。こっそりと身長と体重を入力してみよう。

　くれぐれも「このくらい太ってもまだ大丈夫指数」ではないので，太る予定で自分の数値を入力して安心しないように！

----

[1]　BMI の参考：e- ヘルスネット（厚生労働省）
https://www.e-healthnet.mhlw.go.jp/information/dictionary/metabolic/ym-002.html

身長（cm）と体重（kg）を入力させ，BMI 値を求めるプログラムを作りなさい。

プログラム 3-7

```
1   h = float(input("身長は"))
2   h = h / 100.0
3   w = float(input("体重は"))
4   bmi = w / (h ** 2)
5   print("あなたの BMI=", bmi)
```

解 説

1 行，3 行：身長（h）や体重（w）は小数点があるので float で入力させている。

2 行：身長をメートルに換算するため 100.0 で割って，変数 h に入れ直している。

4 行：変数 w を変数 h を 2 乗した値で割って，BMI 値を計算する。

5 行：「あなたの BMI=」と計算結果である変数 bmi の表示。

実 行 結 果

身長は 165
体重は 55
あなたの BMI= 20.202020202020204

フローチャート

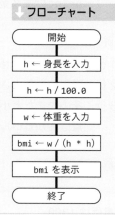

いままで何気なく b = a * 450 のように使ってきましたが，「=」は「等号」ではなく「代入記号」である点を改めて意識しましょう。「右側の計算結果を左側の変数に入れる」という意味です。

2 行目の式であれば，h ← h / 100.0 というイメージを持っていれば間違えないでしょう。代入だからこそ，h を計算して，新たな h として入れ直す（元の h の値は上書きされる）という作業ができるのです。

身長（cm）と体重（kg）を入力させ, 学童期の肥満度を評価するローレル指数（Rohrer index：130 が標準）と肥満度を計算するプログラムを作りなさい。

・ローレル指数 ＝ 体重［kg］ ÷ 身長［cm］^{3} × 10^7
・標準体重［kg］ ＝ （身長［cm］ − 100） × 0.9
・肥満度［%］ ＝ （実体重 − 標準体重） ÷ 標準体重 × 100

※べき乗計算：例えば 10^7 はプログラムでは 10**7 と表記する。

例題 3-8

単価と購入数を入力させ, 税込み価格の支払金額を表示するプログラムを作りなさい。ただし, 税率は 10％とし, 計算結果の小数点以下は切り捨てとする。

プログラム 3-8

```
1   a = float(input("単価は"))
2   b = float(input("購入数は"))
3   print("支払金額は" , int(a * b * 1.10) , "円")
```

解説

1 行：単価を入力させる。float 定義。
2 行：購入数を入力させる。float 定義。
3 行：そのままだと小数点の金額を表示してしまうので（支払金額が小数点はおかしい）, 計算結果を int でくくって整数表示にする。

実行結果

単価は 1000
購入数は 1
支払金額は　1100 円

フローチャート

```
   開始
    │
a ← 単価を入力
    │
b ← 購入数を入力
    │
a * b * 1.10を表示
    │
   終了
```

数字を入力しても，input( ) で代入した変数は文字列型になるので，int( ) や float( ) を使用して数値型に変換しないと計算時にエラーになります。また，結果を int( ) を使わずに表示すると，小数点以下まで表示されてしまいます。そのため，変数型を意識してプログラムを作る必要があります。

変数 a と b に int( ) か float( ) 指定が無いと，以下のエラーが出る。
　TypeError: can't multiply sequence by non‐int of type 'str'
片方の変数だけ指定していないと，以下のエラーが出る。
　TypeError: can't multiply sequence by non‐int of type 'float'

　Python はほかのプログラミング言語のように変数定義時に型指定をしないため，計算時や代入時にどのような値になっているかを管理しないと，エラーを発生させることになってしまいます。

練習問題 | 3-6

　　税率も入力させて，変数 c に格納し結果を表示するように改良しよう。「税率は」と画面上で聞かれ，「10」と入力したら，110％を税込み価格として計算するように式を立てるのがポイントである。

3 章のまとめ

□ 変数は英数字が使えるが，Python が利用している命令の名前は使えない。記号も「_」（アンダースコア）のみにしておくのが安全。先頭が数字なのも使えない。
□ 数字や文字列などのデータを格納する場所は変数と呼ばれる。
□ 変数で使われる「=」は代入の意味で，イコールではない。常に現在の値を意識すること。
□ 四則計算はキーボードにある記号だけ使うので，＋－以外は×は *，÷は / で代替する。べき乗は ** を使う。

Python

Chapter

第 4 章 選択処理

　朝起きたとき，雨が降りそうなら傘を持つ，寒そうならコートを着る。そんな経験はありませんか。年齢によって利用料金が変わる，時刻によって販売価格が変わるなど，条件によって結果が異なることは社会活動でもよく見られます。

　プログラムを作成する場合にも，条件によって処理を選択する場面はよく出てきます。この章では，選択処理を行う実用プログラムを作成してみましょう。

1 節 選択処理をする if 文

　条件によってプログラムの流れを変えることを**選択処理**といいます。Python で選択処理を行うには「if」という命令を使います。if に続けて条件を指定して，それによって処理を分岐させます。分岐の条件として用いる記号は**比較演算子**と呼ばれ，表 4-1 の種類があります。

if 文		選択処理
書式	if *比較演算子や式を使った条件*： □□□□*処理 1* □□□□*処理 2*	
説明	*条件が成り立つときに，4 文字スペースで字下げされた「処理 1」，「処理 2」を実行する。成り立たないときには字下げされていない（処理に入らない次の）行に処理を移す。*	

　if 文の行の末尾には必ず「：（コロン）」を書きましょう。また，if の条件が成立したときに実行したい処理は並べていくつも書けますが，必ず先頭から 4 文字分を字下げ（インデント）する必要があります。

　よくやるミスが，

```
if 条件：
□□□□処理 1
処理 2
```

のように，字下げ（インデント）を忘れて書いてしまうものです。この場合，処理 2 は if の制御を外れているので，条件に関わらず実行処理されてしまいます。

表 4-1 ◆比較演算子

比較 演算子	説明
==	左辺が右辺と同じだったら
!=	左辺が右辺と異なっていたら
<	左辺が右辺より小さかったら（右辺が大きい）
<=	左辺と右辺が同じか，左辺が右辺より小さかったら（左辺が右辺以下）
>	左辺が右辺より大きかったら
>=	左辺と右辺が同じか，左辺が右辺より大きかったら（左辺が右辺以上）

1 単純な選択処理

まずは if 文を使った，簡単な選択処理を見てみましょう。

例題 4-1

　自分の点数を入力し，40 点未満の場合に赤点と判定するプログラムを作りなさい。

プログラム 4-1

```
1    a = int(input("今回の点数を入力＞"))
2    if a < 40:
3        print("赤点でした")
```

解説

　1 行：キーボードから数値を入力させ，整数型にしてから変数 a に格納。
　2 行：もし変数 a の値が 40 未満だったら下の行を実行する。
　3 行：「赤点でした」と表示。

実行結果

```
今回の点数を入力＞ 10
赤点でした

今回の点数を入力＞ 50
```

※この例では 2 回実行している

フローチャート

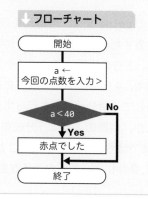

このプログラムでは赤点の場合以外は何も表示されないので，正常に処理されているか不安になってしまいます。

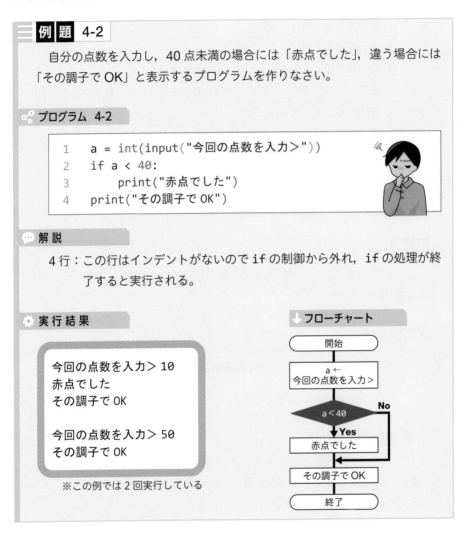

例題 4-2

自分の点数を入力し，40点未満の場合には「赤点でした」，違う場合には「その調子でOK」と表示するプログラムを作りなさい。

プログラム 4-2

```
1    a = int(input("今回の点数を入力>"))
2    if a < 40:
3        print("赤点でした")
4    print("その調子でOK")
```

解説

4行：この行はインデントがないのでifの制御から外れ，ifの処理が終了すると実行される。

実行結果

```
今回の点数を入力> 10
赤点でした
その調子でOK

今回の点数を入力> 50
その調子でOK
```

※この例では2回実行している

フローチャート

開始

a ←
今回の点数を入力>

a < 40 No
Yes
赤点でした

その調子でOK

終了

4行のprint文は，合格点を取った者へのメッセージであるので，if文の制御下から外すためにインデントを付けていません。ですが，このままでは，赤点の場合でも，3行の処理終了後に「その調子でOK」のメッセージが出てしまいます。

そこで，4行の前に合格点であるかの判定が必要になります。

分岐して「余分な処理を行ってからその後の処理に合流」であれば問題は発生しませんが，例題のように「分岐先ごとに異なる処理を行ってから合流」するには，if単体ではうまく動作しないことがわかりました。フローチャートを作っている段階で，条件によってどのような処理がなされるかを確認しておく必要があります。

プログラム 4-2a

```
1    a = int(input("今回の点数を入力>"))
2    if a < 40:
3        print("赤点でした")
4    if a >= 40:
5        print("その調子で OK")
```

解説

4 行：40 点以上でなければ，5 行を処理しないように判定させる。

実行結果

今回の点数を入力> 10
赤点でした

今回の点数を入力> 50
その調子で OK

※この例では 2 回実行している

フローチャート

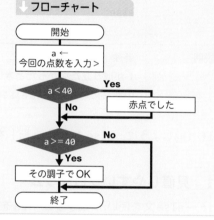

これで単純な選択処理が正しく動くようになりました。

練習問題 4-1

自分の点数を入力し，60 点以上は「がんばりました」，60 点未満 40 点以上は「もうすこしです」，40 点未満には「赤点でした」と表示するプログラムを作りなさい。

コラム 条件分岐だけでゲームが作れる

　ある条件によって主人公が選択した行動によって，その後のストーリーが変化する。まさにアドベンチャーゲームです。持っているアイテムや魔法，自身のスペックなどを勘案して，逃げるのか戦うのか説得するのかなどの行動を決定することで，仲間が増えるなど体験するイベントの幅が増えていきます。

　グラフィックスを組み込むことは難しくとも，文字だけでストーリーが展開するテキストベースのアドベンチャーゲームであれば，ここまでの学習で作れることになります。

2節 複数の条件処理をする if ～ elif ～ else

1節で作成されたプログラムは，正しい判定を行えるようなりましたが，if文が複数あり，読みにくいプログラムになっています。そこで，Pythonには複数の判定を1つのif文で行う，elifやelseが用意されています。

if ～ else 文		選択処理
書式	if *条件1*： 　　　　*処理1* 　　　　　　： else： 　　　　*処理Z*	
説明	*条件1*が成り立つときに，「*処理1*」を実行し，if文は終了。*条件1*が成り立たなかったときは，「*処理Z*」を実行し，if文は終了。次の命令に処理を移す。elseは必要がなければ省略することもできる。	

ifと同じように，elseも末尾に「：」をつける必要があります。

① 見直しやすいプログラム

if ～ else文を使い，プログラム4-2aを見やすいプログラムに変更してみましょう。

例題 4-3

自分の点数を入力し，40点未満の場合には「赤点でした」，違う場合には「その調子でOK」と表示するプログラムを作りなさい。

プログラム 4-3

```
1   a = int(input("今回の点数を入力>"))
2   if a < 40:
3       print("赤点でした")
4   else:
5       print("その調子でOK")
```

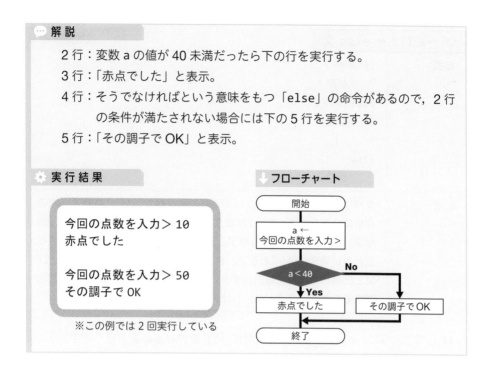

このプログラムも，プログラム 4-2a と同じ動作を行うことができました。

2 複数の条件による選択処理

条件処理が2つ以上ある場合は elif を使います。elif はいくつも並べられる
ので，多くの条件でふるいにかけることができます。

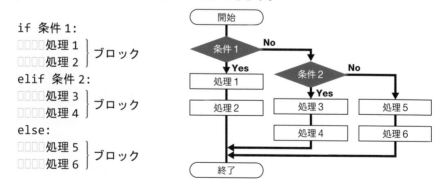

```
if 条件1:
　　　　処理1  ⎫
　　　　処理2  ⎬ ブロック
elif 条件2:
　　　　処理3  ⎫
　　　　処理4  ⎬ ブロック
else:
　　　　処理5  ⎫
　　　　処理6  ⎬ ブロック
```

if 〜 elif 〜 else の組み合わせは，判定したい条件があるだけ if と elif に
割り当て，else は「それ以外（それまでの条件すべてに当てはまらない例外）」を
書く場所というように考えておくと良いでしょう。

if ～ elif ～ else 文		選択処理
書式	`if` *条件1*: 　　　　*処理1* `elif` *条件2*: 　　　　*処理2* 　　　　　⋮ `else`: 　　　　*処理Z*	
説明	*条件1*が成り立つときに，「*処理1*」を実行し，`if`文は終了。次の命令に処理を移す。*条件1*が成り立たず*条件2*が成り立つときに，「*処理2*」を実行し，`if`文は終了。次の命令に処理を移す。どれも成り立たない場合には，「*処理Z*」を実行し，次の命令に処理を移す。`if`文と同様に処理は複数記述することができる。また，`elif`は複数記述することも，必要がなければ省略することもできる。	

`if`と同じように，`elif`も`else`も末尾に「`:`」を付ける必要があります。
`elif`は`else if`の省略と考えれば覚えやすいでしょう。

例題 4-4

　自分の点数を入力し，70点以上は「その調子でOK」，70点未満40点以上は「もうすこしです」，40点未満は「赤点でした」と表示するプログラムを作りなさい。

プログラム 4-4

```
1   a = int(input("今回の点数を入力>"))
2   if a >= 70:
3       print("その調子でOK")
4   elif a >= 40:
5       print("もうすこしです")
6   else:
7       print("赤点でした")
```

2 行：変数 a の値が 70 以上だったら 3 行を実行する。

4 行：2 行の条件にあたらず，変数 a の値が 40 以上だったら 5 行を実行する。

6 行：上のどの条件にも一致しなかった場合，7 行を実行する。

⚙ 実 行 結 果

```
今回の点数を入力＞ 80
その調子で OK

今回の点数を入力＞ 65
もうすこしです

今回の点数を入力＞ 25
赤点でした
```

※この例では 3 回実行している

⬇ フローチャート

数値の大きさによって処理を変える場合，大きい数字からふるいにかけていくのが基本です。

ただ，大きい数字からふるいをかけるのか，小さい数字からかけるのかによって，結果が異なってしまうこともあるので，よく考えてから条件設定しましょう。

問 4-1 　プログラム 4-4 の 2 行の if と 4 行の elif の条件を逆にすると，正しい判定が行えなくなります。理由を答えなさい。

練習問題 4-2

　85 点以上は「がんばりました」，85 点未満 70 点以上は「その調子で OK」，70 点未満 40 点以上は「もうすこしです」，それ以外は「赤点でした」と表示するプログラムを作りなさい。

コラム 　見やすい多条件分岐

　ほかの言語では複数条件分岐が書きやすい switch 文があります。Python でも if と elif を重ねれば可能ですが，あまりエレガントではありません。

　そこで，Ver3.10 から導入され 2021 年 10 月から利用可能になった match 文がありますが，互換性の問題もあるため採用例は多くありません。

3 途中から分岐するプログラム

共通部分と分岐する部分が混在するプログラムを書く方法を見てみましょう。

例題 4-5

材料が同じで，途中から分岐させると別の料理になるレシピを表示するプログラムを作りなさい。

プログラム 4-5

```
1    print("肉やジャガイモなど具材を一口大に切りました")
2    print("材料を炒めました")
3    print("水分は野菜から十分出ているようです")
4    r = int(input("何を作りますか？　カレーなら１を，シチュー
     なら２を，肉ジャガなら３を入力してください＞"))
5    if r == 1:
6        print("カレーのルウを入れる")
7        print("弱火で35分煮込む")
8    elif r == 2:
9        print("シチューのルウを入れる")
10       print("弱火で35分煮込む")
11   elif r == 3:
12       print("合わせ調味料を入れる")
13       print("落とし蓋をする")
14       print("弱火で30分煮込む")
15   else:
16       print("迷っていると焦げてしまいますよ")
17   print("火を止める")
```

解説

1行～3行：共通で使用されるメッセージを表示する部分。

4行：変数 r に何を作るのかを入力する。この行は共通で使用される。

6行，7行：変数 r が1のときに実行される部分。カレーの作り方を表示する。

9行，10行：変数 r が2のときに実行される部分。シチューの作り方を表示する。

12行～14行：変数 r が3のときに実行される部分。肉じゃがの作り方を表示する。

16行：変数 r が1，2，3以外のときに実行される部分。注意を促すメッセージを表示する。

17行：共通で使用されるメッセージを表示する部分。

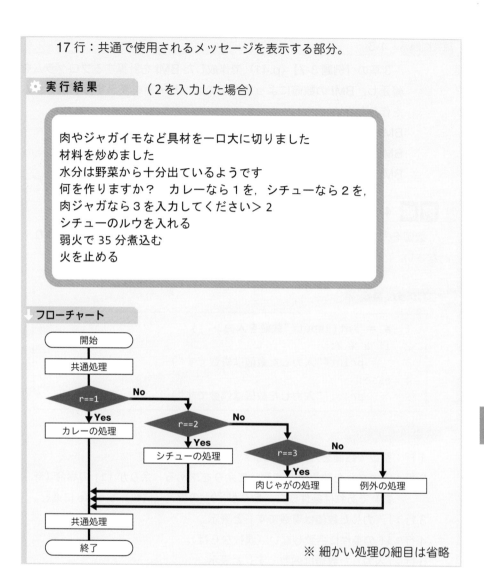

⚙ 実行結果　（2を入力した場合）

> 肉やジャガイモなど具材を一口大に切りました
> 材料を炒めました
> 水分は野菜から十分出ているようです
> 何を作りますか？　カレーなら1を，シチューなら2を，
> 肉ジャガなら3を入力してください＞2
> シチューのルウを入れる
> 弱火で35分煮込む
> 火を止める

↓ フローチャート

```
        開始
         │
       共通処理
         │
   ◇ r==1 ── No ──┐
     │ Yes        │
  カレーの処理   ◇ r==2 ── No ──┐
     │            │ Yes         │
     │        シチューの処理   ◇ r==3 ── No ──┐
     │            │            │ Yes          │
     │            │         肉じゃがの処理   例外の処理
     │            │            │              │
       共通処理
         │
        終了              ※ 細かい処理の細目は省略
```

　例題 4-5 のように，if ~ elif ~ else 以外の部分は，選択処理の結果にかかわらず実行されます。

　ほかの料理の場合でも炒め物やサラダなど，途中まで工程が同じで，どこかで分岐するといった事は数多くあります。
　プログラムだけでなく，現実の仕事も効率化するためには，可能な限り同一の手順は集めて行い，個別の部分だけを選択処理した方が，間違いも減り処理スピードもアップすることがほとんどです。

練習問題　4-3

　　3章の【例題3-7】（p.41）で作成したBMIを計算するプログラムを修正し，BMIの数値によって以下のメッセージを表示するプログラムを作りなさい。
BMIが18.5未満の場合「低体重」
BMIが18.5以上25未満の場合「普通体重」
BMIが25以上の場合「肥満」

例題　4-6

　　数値を入力させて，その数値が奇数か偶数かを判定するプログラムを作りなさい。

プログラム　4-6

```
1  a = int(input("数値を入力>"))
2  if a % 2:
3      print("入力した数値は奇数です")
4  else:
5      print("入力した数値は偶数です")
```

解説

1行：整数で数値を入力させる。
2行：入力された数値を2で割って余りを求める。余りが「1」の場合（奇数）であれば条件成立。余りが「0」の場合（偶数）はelseに進む。
3行：「入力した数値は奇数です」と表示。
4行：ifの条件に合致しない（偶数ならば）。
5行：「入力した数値は偶数です」と表示。

実行結果

数値を入力> 4
入力した数値は偶数です

フローチャート

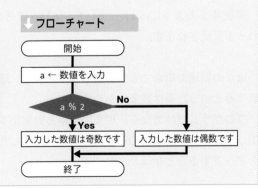

比較演算子を用いた演算では，成立している場合には「True」を，不成立の場合は「False」を返します。if文は，条件の比較演算の結果が「True」か「False」かで判定を行い分岐しています。また，「True」は「1」，「False」は「0」と置き換えることもできます。そのため，計算結果が「0」か「1」にしかならない計算式であれば，比較演算子を用いずに，if文の条件に計算式を直接書くこともできます。

　すべての条件を網羅してifを作ったつもりになっていても，いざプログラムを実行してみたら例外的な入力が行われることがあります。こうしたときのためにも，あらゆる例外を受け入れるelseは必ず設定しておくことをお勧めします。「ありえない入力です」とでも表示するようにしておけば，通常では全く使われなくても，いろいろテストで試したら出てきたというようなチェックができます。
　例外が認識できたら，入力時に防ぐ方法を考えるか，処理の中でうまく動作する方法を考えるかで回避します。

4 章のまとめ

□ 順次実行されるプログラムの流れを変え分岐するには if 文を使う。

□ if に elif や else を組み合わせると，分岐をいくつにも増やすことができる。

□ if や elif，else の終わりには必ず「:」，制御下に置きたい処理の先頭には必ず4文字の字下げ（インデント）が必要。

□ if の条件の記述には，比較演算子という下の記号を使うことが多い。

```
if 条件1:
    処理1
elif 条件2:
    処理2
        ︙
else:
    処理Z
```

==	左辺と右辺が同じか
!=	左辺と右辺が異なるか
<	左辺が右辺より小さいか
<=	左辺が右辺と同じ，または小さいか（左辺が右辺以下）
>	左辺が右辺より大きいか
>=	左辺が右辺と同じ，または大きいか（左辺が右辺以上）

第 **5** 章 繰り返し処理

　人間は同じ事ばかりしていると，すぐ飽きます。単純な作業を繰り返すのはイヤだと感じる人もいるでしょう。「どうせ同じ事を繰り返すなら自動的にやって欲しい」。誰もが望む希望を，コンピュータは文句もいわず，飽きもせずに行ってくれます。

　前章までで，条件分岐でやや複雑な処理を書くことができました。ただコンピュータの醍醐味（だいごみ）は，愚直なまでに指示された内容をひたすら繰り返す便利さです。この章では，同じことを繰り返す処理を使った実用プログラムを作成してみましょう。

1 節 　指定した回数や条件によって繰り返す　for 文

　いくつかの処理を「指定回数」や「条件によっていつまでも」行うことを繰り返し処理（ループ）といいます。まず for という命令を使った繰り返し処理を学習しましょう。

1 for 文の書き方

for 文		繰り返し処理
書式	for *変数* in range(*回数*): 　□□□□*繰り返しの処理*	
説明	range で指定した回数分繰り返し実行する。繰り返し実行する範囲は，for 直下で，4 文字下げた行（インデント）すべてとなる。	

　for 文の行の末尾には必ず「：（コロン）」を書く必要があります。

　for 文の繰り返し回数は書いた数字分実行されますが，カウントは 0 から行われます。例えば，回数を 4 と書けば，変数は 0，1，2，3 と変化します。

　回数は（1,5）のように範囲を書くこともできます。この場合は，後ろの数字は「未満」を表すので，1，2，3，4 までの 4 回の繰り返しになります。

　なお，for は多くのプログラミング言語で使われる表現のため，記述には注意が必要です。それぞれの言語ごとに微妙に書き方が異なるので，混同してエラーを出してしまうことが多いからです。

② 同じ表示を繰り返す

まずは for 文を使った簡単な繰り返し処理を見てみましょう。

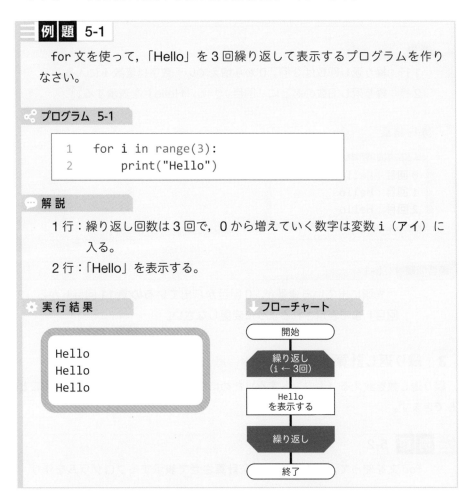

例題 5-1

for 文を使って，「Hello」を 3 回繰り返して表示するプログラムを作りなさい。

プログラム 5-1

```
1    for i in range(3):
2        print("Hello")
```

解説

1 行：繰り返し回数は 3 回で，0 から増えていく数字は変数 i（アイ）に入る。

2 行：「Hello」を表示する。

実行結果

```
Hello
Hello
Hello
```

フローチャート

開始

繰り返し
(i ← 3回)

Hello
を表示する

繰り返し

終了

上の例では変数 i は，何にも使っていませんでした。以下のようにすると，変数 i が 0 から 2 まで 3 回繰り返していることがわかります。range の回数を数えるために使われる変数（ここでは i）も，表示や計算に使うこともできるのです。

例題 5-1a

例題 5-1 を改良して，何回目のループで表示されたものなのかをわかるようにプログラムを作りなさい。

プログラム 5-1a

```
1   for i in range(3):
2       print(i ,"回目:", "Hello")
```

解説

1 行：繰り返し回数は 3 回。0 から増えていく数字は変数 i に入る。

2 行：繰り返し回数のあとに「回目:」と「Hello」を表示する。

実行結果

```
0 回目: Hello
1 回目: Hello
2 回目: Hello
```

練習問題 5-1

先頭に出ている連番が，0 回目から出ているので「1 回目」から「3 回目」まで表示されるように変更しなさい。

3 繰り返し計算させる

繰り返し数を数える（カウントする）ために使っている変数は，計算に使うこともできます。

例題 5-2

for 文を使って，九九の 2 の段を計算させて表示するプログラムを作りなさい。

プログラム 5-2

```
1   for i in range(10):
2       print(2 ,"×", i , "=", 2 * i)
```

解説

1 行：繰り返し回数は 10 回。0 から増えていく数字は変数 i に入る。

2 行：「2x」のあとに変数 i を表示して，「=」のあとに 2 ×変数 i の計算結果を表示する。

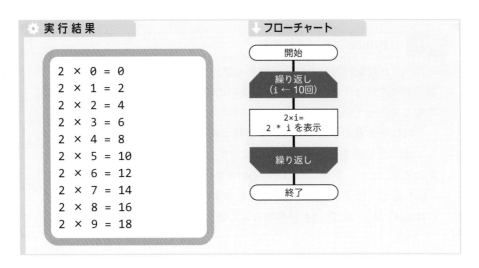

```
2 × 0 = 0
2 × 1 = 2
2 × 2 = 4
2 × 3 = 6
2 × 4 = 8
2 × 5 = 10
2 × 6 = 12
2 × 7 = 14
2 × 8 = 16
2 × 9 = 18
```

フローチャート

開始

繰り返し
(i ← 10回)

2×i=
2 * i を表示

繰り返し

終了

　2の段だけ出したいのに，よけいなゼロの計算が最初に出てしまっています。これを解消しましょう。

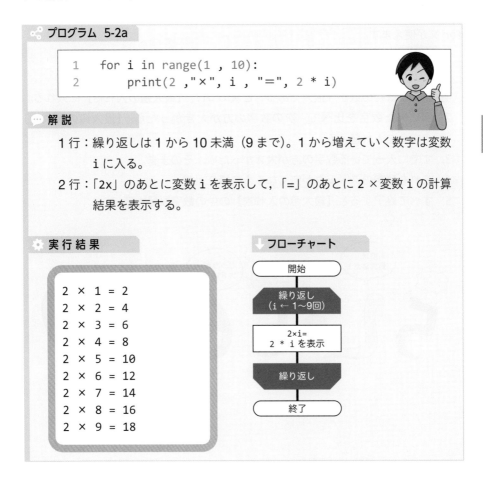

プログラム 5-2a

```
1    for i in range(1 , 10):
2        print(2 ,"×", i , "=", 2 * i)
```

解説

1行：繰り返しは1から10未満（9まで）。1から増えていく数字は変数
　　　iに入る。

2行：「2x」のあとに変数iを表示して，「=」のあとに2×変数iの計算
　　　結果を表示する。

実行結果

```
2 × 1 = 2
2 × 2 = 4
2 × 3 = 6
2 × 4 = 8
2 × 5 = 10
2 × 6 = 12
2 × 7 = 14
2 × 8 = 16
2 × 9 = 18
```

フローチャート

開始

繰り返し
(i ← 1〜9回)

2×i=
2 * i を表示

繰り返し

終了

Chapter
5

　ループが何回行われているか数える部分を「カウンタ」と呼びますが，慣例的に変数は「i」を使うことが多いのです。そのため，本誌の for 文でも i を使っています。

　これはその昔のプログラミング言語「Fortran」が，変数の英字は i からｎまでが整数型で，それ以外は実数型（浮動小数点）と決まっていたためです。i が，欧米人には integer（整数）とか index（索引や計器の目盛りなど）のような英単語を想像しやすいということもあって，ループにはまず「i」，次に「j」が今でもよく使われているのです。

④ 最大値と最小値を探すアルゴリズム

　最大値や最小値を「探す」という行為は，見つかるまで（見つけたとしてもデータの最後まで）繰り返し行わなければなりません。そういった処理をさせるにも for 文が使えます。

　最大値を求める場合は，以下の考え方で探すことができます。

1. まずは最初の数が「最大である」と決めつけ，【最大値の入れ物】に入れる。
2. 次に来た数字を比べて，次の数字の方が大きかったら，【最大値の入れ物】の中身を入れ替える。
3. すでに入っている数字の方が大きかったら，そのまま。
4. これを数字のストックが無くなるまで繰り返す。
5. すべて終了すると【最大値の入れ物】の中の数字が最大値。

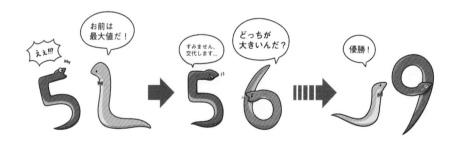

5つの数字を入力させて，その中の最大値を表示するプログラムを作りなさい。

プログラム 5-3

```python
1   a = int(input(">>"))
2   for i in range(1,5):
3       b = int(input(">>"))
4       if(a < b):
5           a = b
6   print("最大値は" , a)
```

解説

1行：1度だけ実行される数値の入力。入力した値は，まず変数 a に格納。最大値であると決めつけている。

2行：繰り返し回数は 1 〜 4 までの 4 回。

3行：繰り返し実行される input 文。今度は変数 b に格納。

4行：変数 a より変数 b の数字の方が大きいかを判定。

5行：if の条件成立で，b の数字を新しい a とする。最大値の入れ替え。

6行：4 回の繰り返しが終わると変数 a を表示して終了。

実行結果

```
>> 5
>> 6
>> 9
>> 2
>> 3
最大値は 9
```

フローチャート

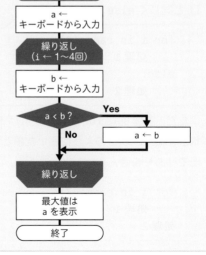

1 行目の input 文と 4 回繰り返す 3 行目の input 文があるので，合計 5 回入力を求められている。

練習問題 **5-2**

例題 5-3 を元にして，最小値を求めるプログラムを作りなさい。

コラム　まだまだある for の活用

for で使う range には 1 つだけ，2 つの数字を並べる方法を例題として行いました。実は 3 つ目の数字を使う書き方もあるのです。

```
for i in range(0 , 5 , 2):
    print(i)
```

実行結果
```
0
2
4
```

実行結果を見ればわかるとおり，最後の数字は増分（増加量）を表しています。2 ずつ増加するので，実行結果のような表示となります。マイナス値も書けるので，以下のようなプログラムも作れます。

```
for i in range(-1 , -10 , -3):
    print(i)
```

実行結果
```
-1
-4
-7
```

特定の間隔で数字を取り出して計算に使いたいときなどに重宝する書き方です。

また，ループ（繰り返し）が終了した時点で実行したい処理があれば，if と同じく else を置けます。

```
for i in range(3):
    処理 1
else:
    処理 2
```

ただ，基本的に for が終了すれば for が制御している次の行が実行されますので，以下のように書いた事と同じになるため，あまり使われる表現ではありません。

```
for i in range(3):
    処理 1
処理 2
```

繰り返し処理に関連の深い処理を明示するために，あえて else を書くということはあります。

---

2 節　**while 文**

while 文は for 文と同じく繰り返し処理を行うための命令です。ただ，range のような回数指定は無いため，繰り返し回数が不明のときなどに利用します。

1　while 文の書き方

while 文		繰り返し処理
書式	while *条件式* :　　　　*繰り返しの処理*	
説明	条件が成立している間，繰り返し処理部分を実行し続ける。	

for 文と同じ繰り返し命令ですが，for 文のように自動的にカウントアップする（数字が増えていく）ような変数は指定できません。そのためカウントが必要な場合，while 文内で別途カウントするプログラムを書いておかなければなりません。

また，条件式に「True」と書けば，永久にループを続けるような指定もできます。

例題 5-4

5 つの数字を入力させて，その中の最小値を表示するプログラムを作りなさい。

プログラム 5-4

```
1   i = 1
2
3   a = int(input(">>"))
4   while i < 5:
5       b = int(input(">>"))
6       if(a > b):
7           a = b
8       i = i + 1
9   print("最小値は" , a)
```

解説

1 行：変数 i に 1 を代入。これは繰り返し数をカウントするための初期値。

3 行：キーボードからの入力を変数 a に代入する（ループ外）。最小値の決めつけ。

4 行：while 文の開始。条件は i が 5 未満の間。

5 行：キーボードからの入力を変数 b に代入する。

6 行：変数 b が変数 a よりも小さいかを判定。

7 行：if の条件成立で，変数 b の数値を変数 a に代入（最小値の入れ替え）。

8 行：繰り返し数のカウント。i に 1 を足して i に代入し直す。

9 行：「最小値は」と表示して変数 a を表示する。

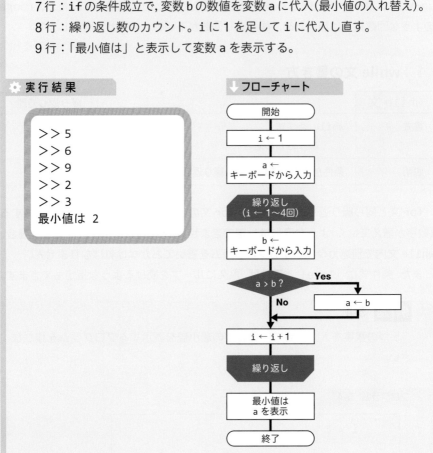

⚙ 実行結果

```
>> 5
>> 6
>> 9
>> 2
>> 3
最小値は  2
```

↓ フローチャート

開始

i ← 1

a ←
キーボードから入力

繰り返し
(i ← 1〜4回)

b ←
キーボードから入力

a > b ? — Yes → a ← b

No

i ← i+1

繰り返し

最小値は
a を表示

終了

コラム　無限ループを止める

　もし，プログラムを間違えて停止しない状態（無限ループという）になってしまった場合は，ターミナル画面をクリックしてから，キーボードのCtrl キーを押しながら「C」キーを押して強制終了させましょう。

練習問題　5-3

　for 文と同じく i = 0 からスタートさせるようにプログラムを修正しなさい。

3 節 ループの制御

繰り返し処理をしていると，何らかの条件で繰り返し処理を中断したい例外があったり，繰り返し中に処理を振り分けたくなったりなどの対応をしたくなることがあります。

if を最初に出して，内部で個別に繰り返し処理を書いても解決できますが，プログラムが長くなります。Python にはこうした例外を行う命令は 2 つありますので，覚えておくとできることの幅が広がります。

1 ループの戻し

「continue」を使うと，その段階でループ内の以降の処理は行わず，ループの最初（for 文や while 文が書かれている行）に戻ります。何らかの条件で，処理をスキップして，でもループは続けたいような処理で使います。

continue 文	中断処理
書式	`continue`
説明	この命令が登場すると，以降の処理は実行せずに，ループの最初の処理に戻って，そこから実行が続く（ループは再実行・継続される）。

例題 5-5

10 までの偶数を表示するプログラムをつくりなさい。

プログラム 5-5

```
1   i = 0
2
3   while (i < 10):
4       if i % 2 != 0:
5           i = i + 1
6           continue
7       print(i)
8       i = i + 1
```

　1行：繰り返し数をカウントする変数 i に 0 を代入。

　3行：while 文開始。変数 i が 10 未満の間。

　4行：i を 2 で割って余りがあるか判定（奇数）。

　5行：if の条件成立で，i に 1 を加え，回数のカウントアップをする。

　6行：if の条件成立で，これ以降の作業をせず，ループの最初に戻る。

　7行：変数 i を表示する。

　8行：i に 1 を加えて，回数のカウントアップをする。

⚙ 実行結果　　　　　　　　　**⬇ フローチャート**

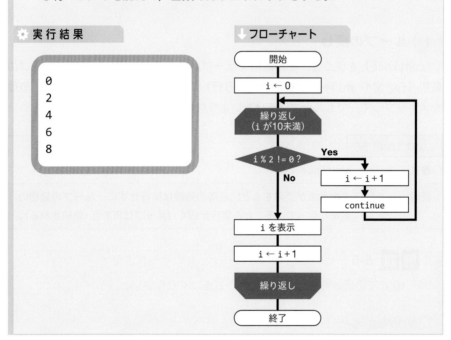

　数値が奇数なら以降の表示はスキップして while 文に戻ります。これを繰り返すと偶数だけが表示されることになります。

　continue は while にしか使えないということではなく，for にも利用する事ができます。

```
for i in range(0 , 10):
    if i % 2 != 0:
        continue
    print(i)
```

　range が 0 以上 10 未満の数字を自動的にカウントアップしてくれますので，初期値も i = i + 1 という表記も不要。余りを求めて余りがあった場合は continue してループの最初に戻り，無かった場合は表示してからループの最初に戻っています。

2 ループの中断

ループ継続中に，何らかの例外が発生した場合は中断してループから抜けたいことがあります。そのときは if 文などと一緒に「break」を使うとループを中断して外に抜けることができます。

break 文	中断処理
書式	break
説明	この命令が登場すると，以降の処理を中断して，ループから抜ける（ループは完全に抜けて再実行されない）。

例題 5-6

文字を入力したら，まるでコンピュータが返事したようにみえるプログラムを作りなさい。ただし，終了キーワード「さようなら」が入力されたら終了します。

プログラム 5-6

```
1    print("腹立つ返信コンピュータ：終了は「さようなら」と入力")
2
3    while True:
4        a = input("あなた：")
5        if a == "さようなら":
6            break
7        print("コンピュータ：" , a , "って言いましたけど、
         あなたの感想ですよね？")
```

解説

1 行：プログラム名と終了条件を表示。

3 行：while の開始。無限ループ。

4 行：キーボードから言葉を入力させ，変数 a に代入する。

5 行：変数 a に「さようなら」が入っているか判定。

6 行：if の条件成立で，ループ処理を中断。

7 行：入力された言葉をオウム返しする。

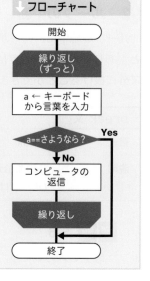

> 腹立つ返信コンピュータ：終了は「さよう
> なら」と入力
> あなた：やっほー
> コンピュータ：やっほーって言いましたけ
> ど、あなたの感想ですよね？
> あなた：生意気だなぁ
> コンピュータ：生意気だなぁって言いまし
> たけど、あなたの感想ですよね？
> あなた：さようなら

終了条件が True なので，基本は無限に繰り返すプログラムです。このようなルー プは，break 命令以外で抜けることができません。プログラムはオウム返しのよ うな返信しかしない単純な構造です。

練習問題 5-4

条件を追加して，「おはよう」の挨拶を入力したときだけ「おはよう」 と素直な返信をするように continue を使って修正しなさい。

コラム　繰り返しのおさらい

まずは，continue と break の違いをもう一度見てみましょう。

・3 を見つけると continue するプ
ログラム

```
for i in range(5):
    if i == 3:
        continue
    print(i)
```

実行
結果

```
0
1
2
4
```

3 だけ表示されず，最後の
4 の表示は処理されています。

・3 を見つけると break するプロ
グラム

```
for i in range(5):
    if i == 3:
        break
    print(i)
```

実行
結果

```
0
1
2
```

3 で終了してしまうので表
示されず，以降の 4 の繰り
返しも実行されません。

実は繰り返しで使われる else は, break があると処理されなくなります。

・break が無いプログラム　　　・break があるプログラム

```
for i in range(5):
    print(i)
else:
    print("else の処理")
```

実行
結果
```
0
1
2
3
4
else の処理
```

```
for i in range(5):
    if i == 3:
        break
    print(i)
else:
    print("else の処理")
```

実行
結果
```
0
1
2
```

break した場合は for そのものを抜けてしまうので, else に書かれた
ものは実行されません。break と組み合わせると, else も活用できそう
ですね。

5 章のまとめ

□ 繰り返しの処理（ループ）を for で行うと, 回数のカウントは自動で行わ
　れる。

> for 繰り返し回数をカウントするのに使う変数 in range(回数):
> 　　　　繰り返しの処理

□ for 文では range による回数や繰り返す数字の範囲を指定できる。

□ 繰り返しの処理（ループ）を while で行うと, 回数のカウントは自動で行
　われないため, 回数が必要な場合はループの外に回数の初期値を, ループ
　内に回数を数える命令を書く必要がある。

> while 条件式 :
> 　　　　繰り返しの処理

□ 繰り返し命令を中断してループの最初に戻るには continue 命令を使う。

□ 繰り返し命令を完全に中断してループの外に抜けるには break 命令を使う。

Python

第 **6** 章

Chapter

複数のデータの扱い方

コンビニに入ったとき，すべての商品がバラバラに置かれていたらどうなるでしょう。ドリンクや菓子，弁当などジャンルで棚が分かれていないと大混乱ですね。ドリンクだったら，コーヒー系，お茶系のようにまとまっていた方が選びやすいですね。

プログラムでも，同一系統のデータが数多くある場合は，1つの変数（のような入れ物）にまとめることができます。

1 節 1つの変数にまとめて格納するリスト

変数にデータを入れるときに，データを [ ]（括弧）にまとめて代入すると，その変数はリストとして定義されます。ここでは，ほかの変数と区別するため，リスト変数と呼びます。

変数 a をリストとして定義すると，a[0], a[1], a[2]……のように同じ変数名で，複数の値を格納できる場所が作れます。

これの何が便利かというと，for 文を使うと，後ろの括弧内の値を変化させて格納したり，探したりできるからです。まず一番簡単な数字との対応で使ってみましょう。

リスト		リスト作成
書式	リスト変数 ＝ ［ データ 1，データ 2，データ 3...］	
説明	1つの変数の中に，複数の数値や，複数の文字列を格納するときの書き方。文字列を格納する場合には，各データをダブルクォーテーション「"」やシングルクォーテーション「'」で囲む必要がある。格納されたデータ1つ1つは要素と呼ばれる。	

リストはほかのプログラミング言語でいうところの「配列」と同じものです。リストは格納順に 0 番から番号が振られます。番号を指定すれば，その番号に該当するデータを表示することもできますし，別のデータに入れ替えてしまうこともできます。

リストに格納するデータは整数や小数,文字が混在してもかまいません。同じデータを 2 度以上格納しても OK です。

1 複数データの格納と取り出し

リスト内のデータを1つずつ取り出すには，前章で習った for 文を使うと便利です。

リスト変数内へのデータ格納イメージは，こんな感じです。

例題 6-1

曜日のデータを変数 a に格納してリスト化し，すべて取り出すプログラムを作りなさい。

プログラム 6-1

```
1    a = ["月","火","水","木","金","土","日"]
2    for b in a:
3        print(b)
```

解説

1行：月から日までの文字を，[ ] で変数 a に格納。a はリストになった。

2行：for と in によってリスト変数 a の要素を1つだけ変数 b に入れる。
　　　リスト変数 a のデータが終わりになるまで繰り返す。

3行：変数 b の内容を表示する。

実行結果

```
月
火
水
木
金
土
日
```

フローチャート

```
開始
↓
リスト a の作成
↓
繰り返し
（リスト a の最後まで）
b ← a の要素
↓
b を表示
↓
繰り返し
↓
終了
```

Chapter
6

実は，単に print(a) としても表示できるのですが，その場合は格納しているのと同じ形の，

[月, 火, 水, 木, 金, 土, 日]

というように表示されてしまいます。

また，range を使って１つずつ取り出す書き方は，以下のようになります。

プログラム 6-1a

```
1    a = ["月","火","水","木","金","土","日"]
2    for i in range(0 , 7):
3        print(a[i])
```

解 説

1 行 : " 月 " から " 日 " までの文字を，[ ] で変数 a に格納。a はリストになった。

2 行 : for の range によって 0 から順番に増加する値を変数 i に入れる。7 未満まで繰り返す。

3 行 : リスト変数 a の要素を変数 i の変化順に表示する。

リスト変数 a に使う変数 i（使い方は a[i]）は，**要素番号**や**添え字**，**インデックス**と呼ばれます。

問 **6-1**　　木曜日の要素番号はいくつでしょうか。また，「金曜日だけ」を表示しなさい。

練習問題 **6-1**

格納するデータを英語にしなさい（Monday, Tuesday, Wednesday, Thursday, Friday, Saturday, Sunday）。

コラム　文字列とインデックス

実は文字列もリストと同じように扱うことができます。以下のプログラムは，「Python」という文字列を変数 a に代入し，4 番目のデータ（0 番から始まる）を表示させています。

```
a = "Python"
print(a[3])
```

実行結果

h

2 リスト内から指定したデータを取り出す

　リストの内容を全部や一定の範囲で取り出すことはできました。次に，指定した1つだけを取り出してみましょう。

　リストからデータを取り出すには，格納されている順番に対応した番号を指定する必要があります。

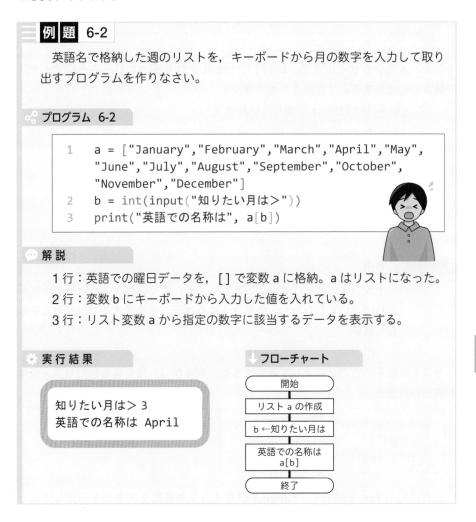

例題 6-2

　英語名で格納した週のリストを，キーボードから月の数字を入力して取り出すプログラムを作りなさい。

プログラム 6-2

```
1    a = ["January","February","March","April","May",
     "June","July","August","September","October",
     "November","December"]
2    b = int(input("知りたい月は＞"))
3    print("英語での名称は", a[b])
```

解説

　1行：英語での曜日データを，[ ]で変数aに格納。aはリストになった。
　2行：変数bにキーボードから入力した値を入れている。
　3行：リスト変数aから指定の数字に該当するデータを表示する。

実行結果

> 知りたい月は＞ 3
> 英語での名称は April

フローチャート

- 開始
- リスト a の作成
- b ←知りたい月は
- 英語での名称は a[b]
- 終了

　正しく表示されません。変数の入れ物の連番は「0」から始まるため，入力された数値からマイナス1しないと，正しい対応関係にならないようです。

　そこで，入力された数字から1を引いてみます。

プログラム 6-2a

```
1   a = ["January","February","March","April","May",
    "June","July","August","September","October",
    "November","December"]
2   b = input("知りたい月は＞")
3   b = int(b) - 1
4   print("英語での名称は", a[b])
```

なお，入力をさせる段階で，`int()`で`input`全体を囲ったり，さらにマイナス計算までしたりするような書き方もできます。

```
2   b = int(input("知りたい月は＞"))
3   b = b - 1
4   print("英語での名称は", a[b])
```

もしくは

```
2   b = int(input("知りたい月は＞")) - 1
3   print("英語での名称は", a[b])
```

練習問題 **6-2**

干支（十二支）では，2008年が「子」年でした。これ以降の干支が出れば良いとした場合，西暦を入れれば干支を表示するプログラムを作りなさい。

リスト変数そのものを指定して表示すると，全体が［］でくくられたリスト全体が表示されます。

```
a = ["Fortran" , "BASIC" ,
"Python"]
print("Hello" , a)
```

実行結果
```
Hello ['Fortran',
'BASIC', 'Python']
```

これに対し`for`を使って，`range`ではなくリスト変数そのものを指定してループさせると，データ（要素）を1つ1つ取り出せますので，変数`i`を表示すれば個別に表示を合体させることができます。

```
a = ["Fortran" , "BASIC" ,
"Python"]
for i in a:
    print("Hello" , i)
```

実行結果
```
Hello Fortran
Hello BASIC
Hello Python
```

2節 データを探す

1 リストの中に存在するか完全一致で探す

　データが少ないときは良いですが，多くなってくるとそもそもリスト内に存在しているのかどうかを確かめたくなります。データベースでは，SQL という言語を使ってさまざまな条件での一致や絞り込みができるようになっていますが，汎用的な言語である Python にもごく簡単な命令が用意されています。

print(～ in ～)	検索処理
書式	print("*検索したいデータ*" in *リスト変数*)
説明	リスト内から検索したいデータを指定して，見つかると「True」が表示され，存在が確認できないと「False」が表示される。指定したデータと 1 文字でも違うと探せない完全一致の検索である。

.index	検索処理
書式	*リスト変数*.index("*検索したいデータ*")
説明	リスト内から検索したいデータを指定して，見つかるとリスト内の位置である要素番号が数字（0 からの連番）で表示される。指定したデータと 1 文字でも違うと探せない完全一致の検索である。存在しない場合はエラーになってしまうので注意が必要。 .index は，リストの要素が重複している場合には，最初に見つけた位置の番号だけを返してくるので注意が必要。

Chapter
6

例題 6-3

　英語名の曜日が格納されているリストから，特定の曜日を完全一致で探し出すプログラムを作りなさい。

プログラム 6-3

```
1   a = ["Monday","Tuesday","Wednesday","Thursday",
    "Friday","Saturday","Sunday"]
2   print("Friday" in a)
3   print(a.index("Friday"))
```

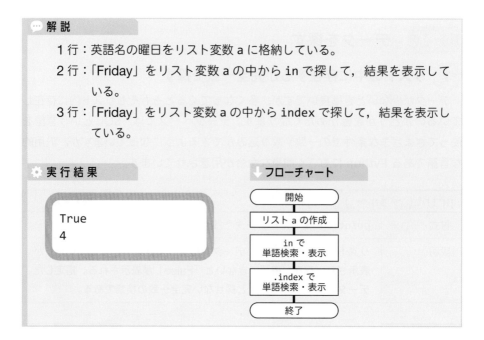

解説

1行：英語名の曜日をリスト変数 a に格納している。

2行：「Friday」をリスト変数 a の中から in で探して，結果を表示している。

3行：「Friday」をリスト変数 a の中から index で探して，結果を表示している。

実行結果

```
True
4
```

フローチャート

```
開始
 ↓
リスト a の作成
 ↓
in で
単語検索・表示
 ↓
.index で
単語検索・表示
 ↓
終了
```

ここでは，2行目と3行目で，2種類の検索方法を順に実行しています。

問 6-2 なぜ4が表示されたのか，理由を答えなさい。

練習問題 6-3

キーボードから探す曜日を入力させて，結果（True か False）を表示するプログラムを作りなさい。

② リストの中に存在するか部分一致で探す

find という命令を使うと，リストの格納されているデータの一部分でも同一の文字を見つければ一致したとする部分一致の検索ができます。

.find()	検索処理
書式	*リスト変数*.find("*検索したいデータ*")
説明	変数名に続けてドットとともに表記して使う。検索したいデータをリスト内から見つける。見つかるとリスト内の要素番号が返ってくる。見つからない場合は，－1が表示される。

例題 6-4

英語名の曜日が格納されているリストから，特定の曜日を部分一致で探し出すプログラムを作りなさい。

プログラム 6-4

```
1    a = ["Monday","Tuesday","Wednesday","Thursday",
     "Friday","Saturday","Sunday"]
2    for s in a:
3        if s.find("Fri") > -1:
4            print(s, "発見！")
```

解説

1行：英語名の曜日をリスト変数 a に格納している。

2行：for によって，リスト a のデータが終了するまで繰り返す。最初は1つ目のデータである "Monday" が変数 s に入る

3行：if によって，もし変数 s の中に Fri の文字を見つけたら（−1よりも大きい値が返ってくるので）次の行を実行。見つからなければ，for に戻る。

4行：変数 s の内容と，「発見！」と表示。

実行結果

Friday 発見！

フローチャート

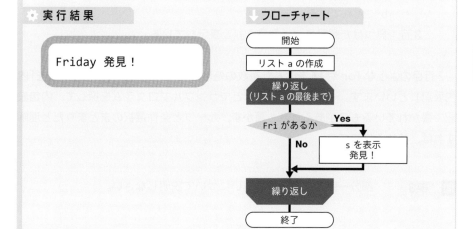

探す単語を「es」にすれば，Tuesday と Wednesday の両方を結果として返してきます。

今まで学習した for や if は，繰り返しや条件選択をするとき別々に使っていました。Python が持つ内包表記という機能を使うと，条件式に一致するものを見つけるまで繰り返すということができます。

内包表記	複合処理
書式	*変数* for *変数* in *リスト変数* if *条件式*
説明	リスト内から条件式に一致したものを見つけるまで繰り返す。

🔗 プログラム 6-4a

```
1    a = ["Monday","Tuesday","Wednesday","Thursday",
     "Friday","Saturday","Sunday"]
2    b = [ s for s in a if s.find("Fri") > -1]
3    print(b, "発見！")
```

💬 解説

1 行：英語名の曜日をリスト変数 a に格納している。

2 行：ここでは探すという英単語（**search**）を連想できる変数名として s を使って内包表記している。−1 より大きいとしているのは，要素が 0 以上から始まっているため。見つけた要素を新たなリスト変数 b に入れている。

3 行：見つけた曜日名と「発見！」と表示している。

2 行目のような for や if を含んだ複数の処理を一つにまとめてしまう表記を「内包表記」といいます。インターネットなどでサンプルプログラムを探して，内包表記で書かれているものがあるときも驚かず，ループと条件選択のまとまりだと理解すれば，読めるはずです。

問 6-3 部分一致と完全一致の違いについて説明しなさい。

(練習問題) 6-4

キーボードから探す曜日の一部を入力させて，見つけた結果を表示するプログラムを作りなさい。

データを並べ替える［ソート］

1 リスト内のデータを並べ替えるプログラム

　並べ替えのアルゴリズムのところで学んだように，本来並べ替える（ソートする）には，「比較」して入れ替えるという操作を行う必要があります。

len()		長さ判定
書式	*変数* = len(*大きさを知りたい変数*)	
説明	変数なら文字数，リストなら要素の個数を知る。結果は普通，別の変数に格納する。	

変数の値の交換		入替処理
書式	*変数 1，変数 2 = 変数 2，変数 1*	
説明	変数 1 の値を変数 2 に，変数 2 の値を変数 1 に入れ替える書き方。	

例題 6-5

　選択ソートによる 6 つの数字を昇順（小さい順）に並べ替えるプログラムを作りなさい。

プログラム 6-5

```
1   a = [5 , 4 , 3 , 6 , 2 , 1]
2   print(a)
3   b = len(a)
4   for i in range(b):
5       c = i
6       for j in range(i + 1, b):
7           if a[c] > a[j]:
8               c = j
9       a[i], a[c] = a[c], a[i]
10  print(a)
```

解説

　1 行：6 つの任意の数値を変数 a にリストとして格納。
　2 行：現在のリスト内を表示させる。
　3 行：変数 a の個数を知るため len( ) で囲って，結果を変数 b に入れる。

Chapter
6

4行：変数 b 未満（ここでは b には個数の 6 が入っているので、0 から 5 までとなる）まで for で繰り返す。変数 i は繰り返しごとに 1 ずつ増える。

5行：ここで、比較する準備として、変数 c に変数 i の値（開始直後は 0）を入れる。最初の値が仮の最小値として比較を始める。

6行：for 文の中の 2 個目の for 文。こちらは比較の開始を 1 つ後ろからにしたいので、変数 i の値に 1 を足している。

7行：リストの c 番目（最初は 0 番目）と j 番目（最初は 1 番目）を比較。c 番目の方が小さいかどうかを判定する。

8行：最小値の場所の入れ替えの準備をするため、変数 j の値を変数 c に入れる。

9行：実際のリスト内のデータを入れ替える。

10行：再びリスト変数 a の内容を表示する。

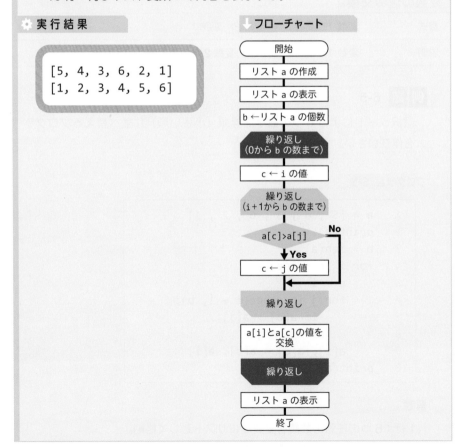

実行結果

```
[5, 4, 3, 6, 2, 1]
[1, 2, 3, 4, 5, 6]
```

フローチャート

開始
リスト a の作成
リスト a の表示
b ← リスト a の個数
繰り返し（0から b の数まで）
c ← i の値
繰り返し（i+1から b の数まで）
a[c]>a[j]　No
↓Yes
c ← j の値
繰り返し
a[i]とa[c]の値を交換
繰り返し
リスト a の表示
終了

　あくまでもプログラムの結果が画面に表示されただけなので、作ったプログラムの 1 行目のリストが書き換わるわけではありません。

　　大きい順にするには，どこを変更すればよいでしょうか。プログラム
を作りなさい。

② Python の並べ替え命令を使ったプログラム

　問題を解決するには，解決の考え方「アルゴリズム」を用いますが，その考え方
に沿ってプログラムを作っていくのは大変です（例題 6-5 では選択ソートのアル
ゴリズムをプログラムに書きました）。柔軟性は下がりますが，Python があらか
じめ用意している並べ替え命令「sorted」と「sort()」を使うと 1 行で並べ替え
部分の記述が終わります。

sorted()	並べ替え処理
書式	*リスト変数* = sorted(*並べ替え元のリスト変数*， *引数 1*， *引数 2…*)
説明	並べ替えたいデータの入っている元のリスト変数（元のリスト）を囲って，別のリスト変数を指定して並べ替え後の結果を格納する。そのまま指定すると昇順（小さい順）だが， *リスト変数* = sorted(*並べ替え元のリスト変数*， reverse=True) とすると，降順（大きい順）に並べ替わる。 引数はほかに key=len（データの短い順），key=str.lower（英語の大文字・小文字をすべて小文字とみなして並び替える）などがある。

.sort()	並べ替え処理
書式	*リスト変数* .sort(*引数 1*， *引数 2…*)
説明	リスト内のデータを並べ替える。ほかに格納する変数を必要とせず，元のリスト名そのままで使える。使える引数は sorted と同様。

　なお，Python のソートは「Timsort」というアルゴリズムが使われています。

> **コラム　Timsort とは**
>
> 　Timsort は，Python だけでなく別のプログラミング言語である Java
> や Android の開発にも採用されています。p.25 で紹介したように，並べ
> 替えのアルゴリズムもたくさんあります。Timsort は既存のアルゴリズ
> ムの良いところを組み合わせて，効率良い並べ替えを実現するために作ら
> れました（挿入ソートやマージソートの考え方が使われています）。

例題 6-6

Python の sorted 命令を使って 6 つの数字を昇順（小さい順）に並べ替えるプログラムを作りなさい。

プログラム 6-6

```
1    a = [5 , 4 , 3 , 6 , 2 , 1]
2    print(a)
3    b = sorted(a)
4    print(b)
```

解説

1 行：6 つの任意の数値を変数 a にリストとして格納。
2 行：現在のリスト内を表示させることで，並び順を確認。
3 行：sorted を使って昇順に並べ替え，新しくリスト変数 b に入れる。
4 行：リスト変数 b の内容を表示する。

実行結果

```
[5, 4, 3, 6, 2, 1]
[1, 2, 3, 4, 5, 6]
```

フローチャート

開始
↓
リスト a の作成
↓
リスト a の表示
↓
リスト b ←
リスト a をソート
↓
リスト b の表示
↓
終了

コラム　sorted() は常に別のリスト変数を必要とする

sorted() は元のリストに影響を及ぼしませんが，必ず別のリスト変数を用意して並べ替えた結果を新たに格納しなければ使えません。

元のリスト変数は手つかずで残るため，昇順や降順など異なる並び順のものを作れるなど便利ですが，ソート後のリスト変数はどちらで作ったものなのかきちんと管理しないと，思わぬ結果を表示してしまうことになります（大抵は並べ替え後の一部の要素だけを取り出すというような処理が多いため，よくわからなくなる）。

.sort() を使うと，結果を格納するリスト変数 b が不要になります。

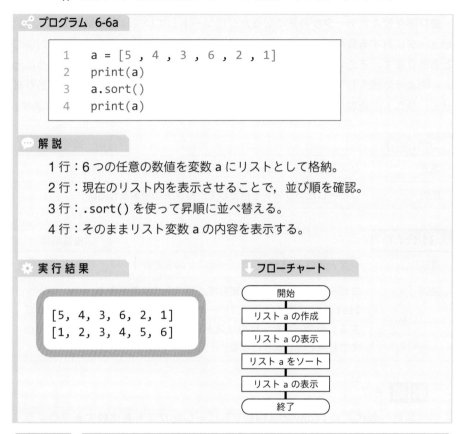

プログラム 6-6a

```
1    a = [5 , 4 , 3 , 6 , 2 , 1]
2    print(a)
3    a.sort()
4    print(a)
```

解説

1行：6つの任意の数値を変数 a にリストとして格納。

2行：現在のリスト内を表示させることで，並び順を確認。

3行：.sort() を使って昇順に並べ替える。

4行：そのままリスト変数 a の内容を表示する。

実行結果

```
[5, 4, 3, 6, 2, 1]
[1, 2, 3, 4, 5, 6]
```

フローチャート

開始
↓
リスト a の作成
↓
リスト a の表示
↓
リスト a をソート
↓
リスト a の表示
↓
終了

練習問題 6-6

リストのデータ量を増やし（5,4,9,3,6,2,8,1,7），降順で並べ替える
プログラムを作りなさい。

Chapter
6

コラム　.sort() は破壊屋

.sort() を使った場合は，以降リスト変数で要素を取り出しても，ずっ
と並べ変わったままの順番で表示されます。元のリストを並べ替える「破
壊的処理」をする命令だと意識しておいた方がよいでしょう。

もちろん，プログラム自体を書き換えるなんてことはありませんから，
プログラムを終了して再実行すれば初期段階は良いですが，一度 .sort()
を使うと終了するまで戻らないのは困りものです。そこで，元のリストの
並びを使いたいのであれば，リストをコピーしておかなければなりません
（次で学習します）。

③ リストをコピーする命令

　並び順を変えたデータが必要になるたびにソートしていては計算量が増え，コンピュータに対する負荷が大きいですし，並べ替え前のデータと細かく比較したいこともあります。その場合，リストは特殊なものなので，ほかの変数と同じように b = a のように代入しても，自動的にコピーされたものが作成されるわけではありません。リストの複製を作るには，copy や list という命令を使う必要があります。

.copy()		複写処理
書式	*リスト変数 ＝ コピー元リスト変数 .copy()*	
説明	コピーしたいリストを指定して，リストの複製を作る。	

list()		複写処理
書式	*リスト変数 ＝ list(コピー元のリスト変数)*	
説明	コピーしたいリストを指定して，リストの複製を作る。 list() は正確にいうとコピー命令ではなく，「リストを新たに作成する」命令。ただ，別のリストを指定して新たなリストが作れるのでコピーと同じ働きになる。	

例題 6-7

　変数への代入と .copy と list でコピーしたリストを比較するプログラムを作りなさい。

プログラム 6-7

```
1   a = [2 , 7 , 4 , 1]
2   print("変更前リスト a", a)
3   b = a
4   c = a.copy()
5   d = list(a)
6   a[0] = "削除"
7   print("リスト a", a)
8   print("リスト b", b)
9   print("リスト c", c)
10  print("リスト d", d)
```

💬 解 説

> 1行：リスト a を作って，4 つの数字を格納。
> 2行：現在のリスト a 内を表示させることで，並び順を確認。
> 3行：リスト a の場所を示す情報だけが入った変数 b を作っただけ。
> 4行：copy() を使ってリスト a を新しいリスト c にコピー。
> 5行：list() を使ってリスト a を新しいリスト d にコピー。
> 6行：元のリスト a の 1 つ目のデータを文字である「削除」に変更した。
> 7行：再度リスト a を表示している（1 つ目が ' 削除 ' で表示される）。
> 8行：変数 b はリスト a の場所を見ているだけなので，自動的に変更後の
> 　　　結果が表示された（1 つ目が ' 削除 ' で表示される）。
> 9行：リスト c を表示（別のリストとして存在しているので，先頭は 2 の
> 　　　まま）。
> 10行：リスト d を表示（別のリストとして存在しているので，先頭は 2
> 　　　のまま）。

⚙ 実 行 結 果

```
変更前リスト a [2, 7, 4, 1]
リスト a [' 削除 ', 7, 4, 1]
リスト b [' 削除 ', 7, 4, 1]
リスト c [2, 7, 4, 1]
リスト d [2, 7, 4, 1]
```

⬇ フローチャート

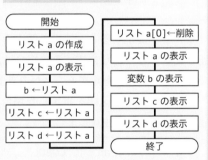

　単純に変数の代入をした場合は，新たにリストは作成されず，どちらの変数を指定しても，同じリストを指定したのと同意になります。そのため，元のリストが変更されると，どちらのリスト変数で取り出しても値は変化しています。

　これに対して，.copy() や list() でコピーした場合は，新たなリストが作られて元のリストとは別物になるので，元のリストが変更されても新たなリストには影響がありません。前出の .sort() やデータの書き換えは，元の状態に戻らない操作ですから，元リストに対して行うのが良いのか，コピー後のリストに対して行うのが良いのか，よく考えてからプログラムを書かないと，意図した結果と異なるプログラムを作ってしまうので注意が必要です。

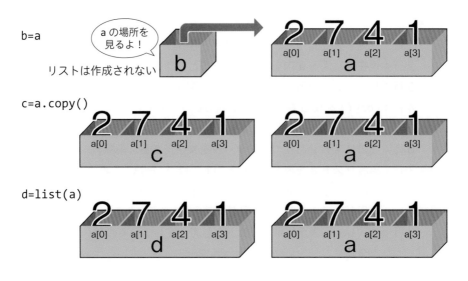

練習問題 6-7

　上記の例題 6-7 のプログラムを使って，リスト c を昇順，リスト d を降順に並べてからそれぞれ表示するプログラムを作りなさい。

　ソートが終了すると，特定の要素番号 1 つだけでなく，ある範囲の要素を取り出したいことがあります。その場合は，for で学習した range のように，コロンで区切って区間を指定することができます。

　range と同じく区間を指定した場合，最終値の番号は含まれず「未満」までの番号になることに注意しましょう。

```
a = ["Fortran" , "COBOL" , "BASIC" , "C" , "Java" , "Python"]
print(a[1:3])    # 要素番号 1 から要素番号 3 より小さい番号までの要素を表示
print(a[:3])     # 要素番号 0 から要素番号 3 より小さい番号までの要素を表示
print(a[3:])     # 要素番号 3 以降のすべての要素を表示
print(a[0:4:2])  # 要素番号 0 から要素番号 4 より小さい番号までの要素を 1 つ飛ばしで表示
```

実行結果

```
['COBOL', 'BASIC']
['Fortran', 'COBOL', 'BASIC']
['C', 'Java', 'Python']
['Fortran', 'BASIC']
```

　結果でわかる通り，最初の番号を省略すると先頭の 0 と同じになり，最後の番号を省略すると要素の最後までが対象となります。

　実はこの区間を指定して，データを一気に書き換えることも可能です。

```
a = ["Fortran" , "COBOL" , "BASIC" , "C" , "Java" , "Python"]
print("最初のリスト" , a)

a[0:3] = ["Pascal" , "C++" , "JavaScript"]
print("変更後のリスト" , a)
```

実行結果

```
最初のリスト ['Fortran', 'COBOL', 'BASIC', 'C',
'Java', 'Python']
変更後のリスト ['Pascal', 'C++', 'JavaScript', 'C',
'Java', 'Python']
```

6 章のまとめ

□ 複数のデータを1つの変数にまとめて格納すると，その変数はリストになる。

> リスト変数 = [データ1，データ2，データ3…]

□ リスト内のデータは for で取り出すと便利。

□ 文字を数字にするには int()，数字を文字にするには str() を使う。

> int(文字データ)
> str(数値データ)

□ リスト内のデータを完全一致で探すには in や index を使う。

> print(" 完全一致データ " in リスト)
> リスト.index(" 完全一致データ ")

□ リスト内のデータを部分一致で探すには find() を使う。

> リスト.find(" 部分一致データ ")

□ for や if を1行で表記してしまう包括表記という書き方がある。

□ 文字列の長さを調べるには len() を使う。

□ 並べ替えは，Python が標準で用意している命令 sorted() や .sort() を使うと簡単。

> リスト = sorted(リスト，引数1，引数2)
> リスト.sort(引数1，引数2)

□ リストは普通の変数のように，代入によるコピーはできない。

□ リストのコピーは .copy() や list() で行う。

> リスト = コピー元リスト.copy()
> リスト = list(コピー元リスト)

Python

Chapter

第7章 関数の定義

5964735+3452180
=9416915

　関数とは「何らかの仕事を実現する処理の並びを1つにまとめて名前を付けたもの」です。

　例えば，"暗算マニアの数男くん"がいたとしたら，彼に「この計算をして！」とお願いすると，即座に答えを教えてくれる。"歴史マニアの史子さん"に「あれって何年のことだっけ？」とたずねると，「1867年で慶應3年」と答えてくれる。そんな彼らはそれぞれ専門の関数といっていいでしょう。

　計算なら"数男くん"，歴史系なら"史子さん"という名前を知っていればよく，必要に応じて呼び出すだけで答えが得られます。適切な呼び出しや問いかけ（入力）をしてやれば，正しい結果を返してくれる（出力が戻ってくる），それが関数です。

　これから行うのは，私たちが自分でプログラム内に"数男くん"や"史子さん"を作るようなものです。

1 節　関数の基本

1　関数とは

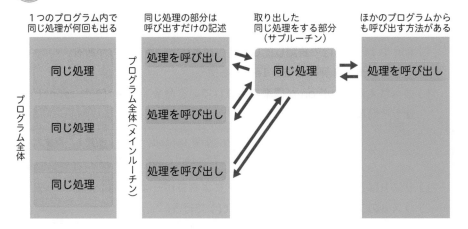

1つのプログラム内で
同じ処理が何回も出る

同じ処理の部分は
呼び出すだけの記述

取り出した
同じ処理をする部分
（サブルーチン）

ほかのプログラムからも呼び出す方法がある

プログラム全体

同じ処理

同じ処理

同じ処理

プログラム全体（メインルーチン）

処理を呼び出し

処理を呼び出し

処理を呼び出し

同じ処理

処理を呼び出し

　例えば，1つのプログラムの中に同じ処理が何回も出てくるのは，まず書くのが大変だし，書き間違いしてしまうかもしれませんし，とっても読みづらくなり，行

数も増えてしまいます。共通部分を抜き出してしまい，抜き出した同じ処理の部分を呼び出すだけの記述にすればスッキリします。もともとの主なプログラム部分をメインルーチン，関数をサブルーチンと呼びます。

この抜き出して使う考え方や，抜き出された同じ処理の部分を関数と呼びます。基本的に「プログラムの処理の一部を抜き出した物」と考えるとよいでしょう。

② 関数を作る

関数はまとまった処理に名前を付けて並べれば簡単に作れますが，値を渡したり，戻したりできるのが特徴です。

関数		関数定義
書式	def *関数名 (引数1, 引数2, ……)*: 　　処理1 　　処理2 　　　　⋮ 　　return*戻り値*	
説明	関数を定義する。インデントした範囲内がひとまとまりの関数と見なされる。関数を呼び出すときに同時に値を関数に渡したときは，引数の部分で受け取り，関数内部で使う。関数内で処理した結果や何らかの値を呼び出し側に通知する場合は，return に続けて値や計算式などを記述する。	

例題 7-1

関数を定義して，その関数を呼び出すプログラムを作りなさい。

プログラム 7-1

```
1   def aisatu():
2       print("Hello !")
3       return
4
5   print("これから英語で挨拶します")
6   aisatu()
7   print("どうでしたか？もう一度？")
8   aisatu()
```

💬 解説

1行：関数の aisatu の定義開始。
2行：関数内・「Hello！」と表示する。
3行：関数内・関数から返す値は無い（return に続いて値や変数が存在しない）。

以下はメインルーチン

5行：「これから英語で挨拶します」と表示する。
6行：関数 aisatu を呼び出している部分（関数内の命令が実行される）。
7行：「どうでしたか？もう一度？」と表示する。
8行：関数 aisatu を呼び出している部分（関数内の命令が実行される）。

⚙ 実行結果

```
これから英語で挨拶します
Hello！
どうでしたか？もう一度？
Hello！
```

⬇ フローチャート

※関数の呼び出しをわかりやすくするためアレンジしています。

上記のプログラムを実行者の名前をメインルーチンで入れさせて，それを関数に渡して挨拶と一緒に表示させてみましょう。

関数に与える文字や数字は「引数（ひきすう）」と呼ばれます。関数から返される値は「戻り値」と呼ばれます。

🔗 プログラム 7-1a

```
1   def aisatu(a):
2       print(a , " Hello !")
3       return
4
5   print("これから英語で挨拶します")
6   b = input("Please name :")
7   aisatu(b)
8   print("どうでしたか？")
```

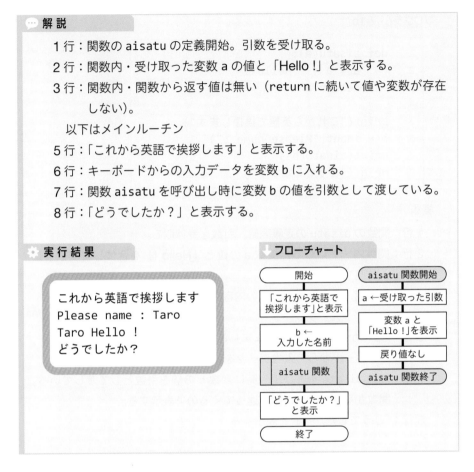

1行：関数の aisatu の定義開始。引数を受け取る。

2行：関数内・受け取った変数 a の値と「Hello！」と表示する。

3行：関数内・関数から返す値は無い（return に続いて値や変数が存在しない）。

　以下はメインルーチン

5行：「これから英語で挨拶します」と表示する。

6行：キーボードからの入力データを変数 b に入れる。

7行：関数 aisatu を呼び出し時に変数 b の値を引数として渡している。

8行：「どうでしたか？」と表示する。

実行結果

```
これから英語で挨拶します
Please name : Taro
Taro Hello！
どうでしたか？
```

フローチャート

開始 → 「これから英語で挨拶します」と表示 → b←入力した名前 → aisatu 関数 → 「どうでしたか？」と表示 → 終了

aisatu 関数開始 → a←受け取った引数 → 変数 a と「Hello！」を表示 → 戻り値なし → aisatu 関数終了

以下のように，関数に渡す値の部分に命令を入れてしまう書き方もできます。

```
1  def aisatu(a):
2      print(a, "Hello !")
3      return
4
5  print("これから英語で挨拶します")
6  aisatu(input("Please name :"))
7  print("どうでしたか？")
```

input でキーボードから受け取った文字列を関数 aisatu に渡し，関数 aisatu はそれを変数 a として受け取り，print によってさらに文字列を足して表示しています。あまり式が長いようだと何を渡すのかがわからなくなるので注意しましょう。

挨拶の表示処理は関数側で行わせていましたが，値を戻してメインルーチンの方で行わせることもできます。

```
1    def aisatu(a):
2        a = a + " Hello !"
3        return a
4
5    print("これから英語で挨拶します")
6    b = input("Please name :")
7    print(aisatu(b))
8    print("どうでしたか？")
```

💬 解 説

1行：関数の aisatu の定義開始。引数を受け取る。

2行：関数内・受け取った変数 a の値と「Hello !」を合体して変数 a に
　　　入れ直す。

3行：関数内・関数から変数 a の内容を返す。

　　　以下はメインルーチン

5行：「これから英語で挨拶します」と表示する。

6行：キーボードからの入力データを変数 b に入れる。

7行：関数 aisatu を呼び出し時に変数 b の値を引数として渡している。
　　　関数から変数 a の内容が返ってくるので表示する。

8行：「どうでしたか？」と表示する。

⚙ 実 行 結 果　　　　　　　　　　　⬇ フローチャート

```
これから英語で挨拶します
Please name : Taro
Taro Hello !
どうでしたか？
```

　　実は今まで，print や input などを「命令」と呼んでいましたが，実は
Python ではこれらも初めから用意されていた「関数」なのです（標準組込関数と
いいます）。ですから正確には print 関数，input 関数と呼びます。

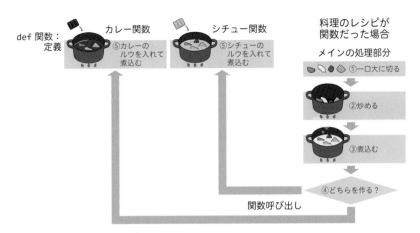

図 ◆ 関数の活用イメージ

値の受け渡しも含めた"関数とは"と改めて説明すると，「何かの文字や数字を与えてやると，何らかの結果を返してくるもの」です。print も文字列を入れれば文字を返し（表示し），数値を式とともに入れれば計算結果を返してくれます。

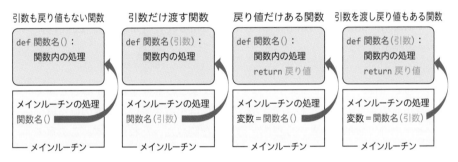

図 ◆ 関数利用の 4 パターン

Chapter
7

引数も戻り値もない関数………関数に仕事をさせて終わり。
引数だけ渡す関数………………関数に数値や文字列を与えて仕事をさせて終わり。
戻り値だけある関数……………何も与えず関数に仕事をさせ，その結果の数値や
　　　　　　　　　　　　　　　　文字列をメインルーチン側の変数で受け取る。
引数を渡し戻り値もある関数…関数に数値や文字列を与えて仕事をさせて，その
　　　　　　　　　　　　　　　　結果の数値や文字列を受け取る。

プログラムが長くなってくると，ひとまとまりの処理ごとに改行を入れて見やすく工夫することはありますが，限界があります。こうして関数として仕事を分類・定義しておけば，いつでも呼び出すことで使えますし，多人数で分割開発することも可能になります。

問 7-1 関数に2つ以上の引数を渡す場合はどうしたらよいですか。print
関数の書式を参考にして考えなさい。

練習問題 7-1

キログラムからポンドに換算する関数と，ポンドからキログラムに換
算する関数を作って，それぞれ1や2を入力させて使い分けをするプ
ログラムを作りなさい。

コラム 実は多くの命令は関数だった

今までずっと使ってきた print や input も，実は関数として作られた
ものです。Python に限らず，最初から使える便利な関数として「組み込
み関数」として用意されていたものです。

組み込み関数（一部）

int(), float(), str(), print(), input(), range(), list(),
sorted(), など

今までは，「print は文字や数字，変数などの中身を表示することがで
き…」のように習ったわけですが，実際には引数を置いたときの振る舞い
と，画面に表示するという機能が書かれた関数だったわけです。この章で
は，自作の関数を作っていく訳なので，「引数として何を何個渡せばいい
のか」，「その関数はどのような働きをするのか」，「関数から返ってくる値
はあるのか」などを考えて作っていく（実装といいます）必要があるので
す。

逆にいえば，値の受け渡しと機能だけがわかれば，数学的なセンスなど
無くても関数は活用できます。私たちも内部で何をしているのかわからな
いけど，print や input を使いこなしていた訳ですから。

本書ではプログラムが長くなるので省いていますが，本来なら自作関数
は説明をコメント文で書く事が必要です。作った時は自分でもよくわかっ
ているのでスイスイ書けますが，しばらくしてプログラムを見直したり，
別のプログラムに関数を流用したりするときに困るからです。

なお，表計算ソフトでも使われる数式に近い関数も数多くあり，p.112
で紹介しています。

2節 変数のスコープ

1 ローカル変数とグローバル変数

　関数内で宣言した変数は参照できる範囲が限られていて，その関数の外側からは値を読み取ることができません。そのような変数は「ローカル変数」と呼ばれ，範囲のことはスコープといいます。「ローカル変数のスコープはその宣言した関数内だけ」となるわけです。逆にメインプログラム内（関数の外側）に宣言された変数は，自動的にすべての関数から参照できる「グローバル変数」となります。

　関数と値をやり取りするときには，注意しましょう。

 例題 7-2

　三角形の面積を求めるプログラムを関数を用いて作りなさい。

プログラム 7-2

```
1    a = 5
2
3    def sankaku():
4        b = 8
5        print(a * b / 2)
6
7    sankaku()
```

解説

1行：変数 a を定義して 5 を代入。関数の外側にあたる。

3行：三角形の面積を求める関数 sankaku の定義開始。

4行：関数内で変数 b を定義して 8 を代入。

5行：三角形の面積を計算して表示している（変数 a の値が見えている）。

7行：三角形の面積を求める関数 sankaku の呼び出し。

実行結果

```
20.0
```

フローチャート

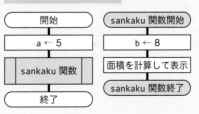

```
a = 5

def sankaku():
    b = 8
    print(a*b/2)

sankaku()
```

関数よりも外側にある
グローバル変数 a のスコープ

関数内部だけで有効な
ローカル変数 b のスコープ

出力結果

```
20
```

　関数内で宣言された変数は，その関数内でしか通用しないので，関数外のグローバル変数と同じ名前でも別物として扱われ，グローバル変数 a 側には影響を与えません。以下のプログラムで確認してみましょう。

プログラム 7-2a

```
1    a = 5
2
3    def sankaku():
4        a = 4
5        b = 8
6        print(a * b / 2)
7
8    sankaku()
```

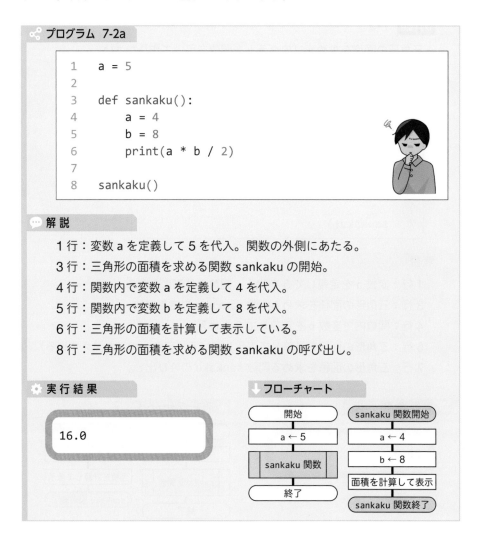

解説

1行：変数 a を定義して 5 を代入。関数の外側にあたる。

3行：三角形の面積を求める関数 sankaku の開始。

4行：関数内で変数 a を定義して 4 を代入。

5行：関数内で変数 b を定義して 8 を代入。

6行：三角形の面積を計算して表示している。

8行：三角形の面積を求める関数 sankaku の呼び出し。

実行結果

```
16.0
```

フローチャート

開始
a ← 5
sankaku 関数
終了

sankaku 関数開始
a ← 4
b ← 8
面積を計算して表示
sankaku 関数終了

外側のグローバル変数 a ではなく，関数内のローカル変数 a が使われて，計算結果が異なりましたね。

それぞれの変数の値がどうなったか表示しようと最後に print で変数 a と b を指定すると，関数の外側には変数 b は定義されていないのでエラーになります。

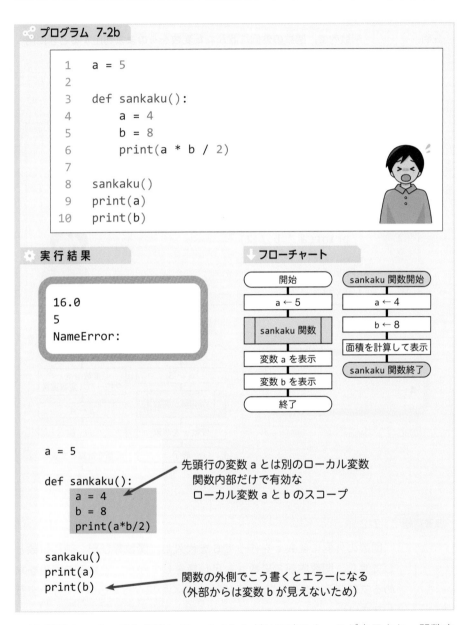

プログラム 7-2b

```
1    a = 5
2
3    def sankaku():
4        a = 4
5        b = 8
6        print(a * b / 2)
7
8    sankaku()
9    print(a)
10   print(b)
```

実行結果

```
16.0
5
NameError:
```

フローチャート

```
開始
a ← 5
sankaku 関数
変数 a を表示
変数 b を表示
終了
```

```
sankaku 関数開始
a ← 4
b ← 8
面積を計算して表示
sankaku 関数終了
```

```
a = 5

def sankaku():
    a = 4
    b = 8
    print(a*b/2)

sankaku()
print(a)
print(b)
```

先頭行の変数 a とは別のローカル変数
関数内部だけで有効な
ローカル変数 a と b のスコープ

関数の外側でこう書くとエラーになる
（外部からは変数 b が見えないため）

10 行目の print(b) を消して print(a) だけにすると，5 が表示され，関数内の変数 a とは別の扱いになっていることも確認しましょう。

関数内であっても global 宣言してグローバル変数として作れば，関数外に存在する変数と同じものとして扱われます。

グローバル変数宣言		変換宣言
書式	global 変数	
説明	関数内で，関数の外側に置かれた変数をそのまま利用するときに用いる宣言。	

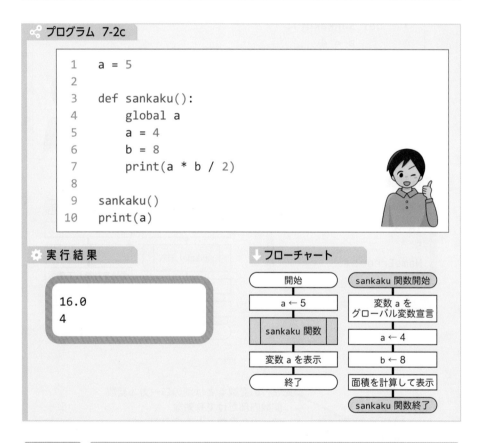

プログラム 7-2c

```
1   a = 5
2
3   def sankaku():
4       global a
5       a = 4
6       b = 8
7       print(a * b / 2)
8
9   sankaku()
10  print(a)
```

実行結果

```
16.0
4
```

フローチャート

開始
a ← 5
sankaku 関数
変数 a を表示
終了

sankaku 関数開始
変数 a をグローバル変数宣言
a ← 4
b ← 8
面積を計算して表示
sankaku 関数終了

練習問題　7-2

　　　関数の外側に変数 c を作って 6 を代入し，関数呼び出し時に引数として渡し，関数内部で変数 a と足し算をしてから，三角形の面積を求めるプログラムを作りなさい（答えがいくつになるか想像してから実行しなさい）。

　並べ替え（ソート）を行うアルゴリズムの定番はいくつかあって，その書き方も冊子やネットで多数公開されています。データの量やランダム度合いによってソートアルゴリズムは得意・不得意がありますから，複数作って関数化しておくと便利です（引数や戻り値はリストでも受け渡しが可能です）。

　ここでは，著名なバブルソートを関数化した例を載せておきます。考え方などは調べてみて下さい。

```python
def bubble_sort(a, b):
    for i in range(b):
        for j in range(b-1, i, -1):
            if a[j-1] > a[j]:
                a[j], a[j-1] = a[j-1], a[j]
    return a

a = ["Fortrun" , "COBOL" , "BASIC" , "C" , "Java" ,
"Python"]
print(bubble_sort(a , len(a)))
```

実行結果

```
['BASIC', 'C', 'COBOL', 'Fortrun', 'Java', 'Python']
```

7 章のまとめ

Chapter
7

□ いままで使ってきた Python の命令と思っていた print や input などは，誰かが作った関数だった。

□ 処理（命令）のまとまりを名付けて「関数」として呼び出して使える機能がある。

```
def 関数名 ( 引数 1，引数 2，……):
    処理 1
    処理 2
    return 戻り値
```

□ 関数に値を渡したり，結果を返してもらったりすることもできる。

□ 関数内で宣言した変数は参照できる範囲（スコープ）が限られており，関数の外側から参照できない。

□ 関数内の変数でもグローバル宣言をすれば，外部にある変数と同じものとして使える。

```
global 変数
```

Python

Chapter

第 **8** 章 ライブラリの利用

「自分では織れない染められない柄だけど，すでにある誰かが作った布を組み合わせて別の作品を作ろう」というのがパッチワークです。先人が作った素晴らしい布は，さまざまな作品（和服や洋服も含めて）に加工されることも前提に提供されています。

「こんなことしたいけど，考えるのも作るのも大変だなぁ」とプログラムを作る人は誰もが皆思っています。ネット環境があれば，「誰かが以前，似たようなプログラムを作ってないだろうか」と探すかもしれません。そんな要望に応える機能がライブラリです。

ライブラリを使っての作業はパッチワークのイメージ

前章で関数を学びましたが，他人が作った関数を自分のプログラムの中で呼び出して利用できてしまうのがライブラリです。これを使うとプログラムが早く確実にできるだけでなく，グラフィックやゲームを作るのにも便利に活用できます。

1 節　ライブラリの基本

1 ライブラリとは

Python にはインストール時に一緒に組み込まれてすぐ使える「ライブラリ」が多数あります。ライブラリとは簡単にいえば，「誰かほかの人が作った関数やプログラムを集めたもの」です。Python 配布元の公式・非公式を問わず，便利なライブラリは自分のプログラム内で使うことができます。

ライブラリは，特定の場所に置いて，プログラム内でライブラリ内の使いたい関数を呼び出すだけで使えます。

Python 標準で用意されている「標準ライブラリ」には日時を操作するdatetime，毎回異なる値を発生させる random，数学の計算でよく用いられる数式の math などがよく使われます。ほかにもアプリで使うウインドウやボタンを生成する tkinter などもあります。

もっと高度な活用をしたい場合には，企業や個人が無償で公開している「外部ライブラリ」をインストールして使うこともできます。

ライブラリとは，何度でも使えるような便利な関数をメインのプログラムから切り離して別ファイルにしたものなのです。

表 8-1 ◆ 関数とライブラリ

関数・ライブラリ	例	インストール	import の宣言
自作の関数	プログラム内表記	不要	不要
組み込み関数	input, int, len, print, str など	不要	不要
自作のライブラリ	関数だけ別ファイル	不要	必要
標準ライブラリ	datetime, math, random, time, tkinter, turtle など	不要	必要
外部ライブラリ※	numpy, pandas など (本書では扱わない)	必要	必要

※外部ライブラリをインストールするときは，悪意あるものを使わないためにも，事前に評判などを調べて著名なものだけをインストールするようにしましょう。

② ライブラリの使い方

　ライブラリを使うには，自分のプログラムの冒頭で「使う宣言」である import を書き，使うときは「このライブラリのこの関数」というライブラリ名と関数名の間をドットでつないだ指定をします。

（例）

```
import ライブラリ名
```

```
ライブラリ名. 関数名()
```

そのため同じ関数名であっても，ライブラリ名が異なれば使い分けが可能です。

```
import example1
import example2

example1.func()
example2.func()
```

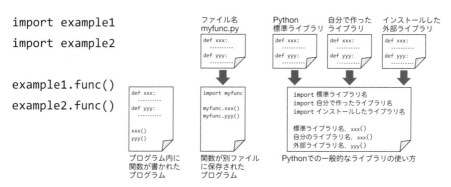

図 ◆ ライブラリの関係

2節 ライブラリを活用しよう

1 日時のライブラリを使う

　ライブラリ内の関数は非常に複雑な記述がされていることが多く，単に関数名だけで呼び出しても使うことができないものがあります。

　日時のライブラリもその一つで，関数名に続けて内部の細かい機能を指定して使います。詳細な機能の部分（実際は関数そのもの）はメソッドと呼ばれ，関数名にドットをつないで記述していきます。

datetime		ライブラリ
書式	`import datetime` 　　　　⋮ `datetime.`*メソッド1.メソッド2……*	
説明	`.datetime`	日付と時刻の両方を扱える。
	`.datetime.now()`	今日の日付と現在時刻を返す。
	`.datetime.now().time()`	今の時刻を返す。
	`.date`	日付を扱える。
	`.time`	時刻を扱える。
	`.date.today()`	今日の日付を返す。
	`.date.today().weekday()`	曜日に対応する数値を返す。
	`.timedelta`	時間差・経過時間を扱える。

※メソッドの区切りはカンマではなく，ドットなので注意。

　使い方を以下のプログラムで確認してみましょう。

```
1    import datetime
2
3    a = datetime.datetime.now()
4    print("今の日付と時刻:" , a)
5    print("今の年:" , a.year)
6    print("今日の月:" , a.month)
7    print("今日の日付:" , a.day)
8    print("今の時:" , a.hour)
9    print("今の分:" , a.minute)
```

　`datetime.datetime.now()`としただけだと，日付も時刻も一緒に表示されてしまいますが，上記のように後ろに属性を付けて一部分だけ取り出すと便利です。

datetime は曜日情報も持っていますので，誕生日が何曜日だったのかを調べることができます。ただし，月曜日がゼロであることに注意してください。

3 行目は関数名とメソッドを変数 a に代入しています。これを行うと，以降は長い記述をしなくても「a」と書くだけで代替できます。ドットをつなげてメソッドを指定することもできます。

例題 8-1

datetime ライブラリを利用して，曜日を取得するプログラムを作りなさい。

プログラム 8-1

```
1    import datetime
2
3    w = ["月" , "火" , "水" , "木" , "金" , "土" , "日"]
4
5    y = int(input("何年生まれ？>"))
6    m = int(input("何月生まれ？>"))
7    d = int(input("何日生まれ？>"))
8    a = datetime.date(y , m , d)
9
10   print("あなたは" , w[a.weekday()] , "曜日に生まれました")
```

解説

1 行：datetime ライブラリを使う宣言。

3 行：曜日名をリストにして変数 w に代入している。

5 行～ 7 行：年月日をキーボードから別々に入力し，それぞれ y，m，d に代入。

8 行：datetime の date メソッドに変数で年月日を渡して戻り値を a に代入。変数 a には年月日の形に成形されたデータとして格納される。

10 行：「あなたは」を表示する。weekday によって得られた曜日は番号で返ってくるので，リスト w の要素番号として曜日に変換し表示する。続けて「曜日に生まれました」と表示している。

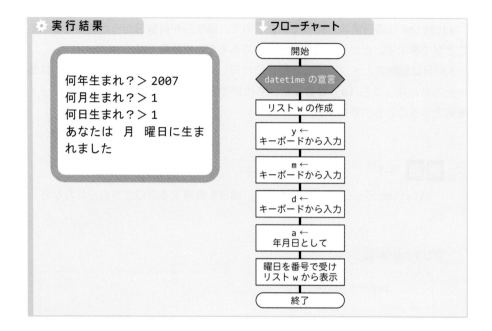

実行結果

何年生まれ？＞2007
何月生まれ？＞1
何日生まれ？＞1
あなたは　月　曜日に生まれました

フローチャート

開始
↓
datetime の宣言
↓
リスト w の作成
↓
y ←
キーボードから入力
↓
m ←
キーボードから入力
↓
d ←
キーボードから入力
↓
a ←
年月日として
↓
曜日を番号で受け
リスト w から表示
↓
終了

練習問題 8-1

　「あなたは○年○月○日（○曜日）に生まれました」と表示するように変更しなさい。

② 時間を操るライブラリを使う

　カップラーメン作りではありませんが，勉強時間確保のために家ではゲームで遊ぶ時間を制限するなど決まった時間をカウントダウンしてくれると便利ですね。そういうときは，time ライブラリを使います。

time		ライブラリ
書式	import time ⋮ time. メソッド1. メソッド2.……	
説明	・time()　　現在時刻を数字で返す（1970 年 1 月 1 日からの連番）。 ・sleep(秒)　指定した秒数プログラムが止まる。	

例題 8-2

　time ライブラリを利用して，カウントダウンタイマー（時間の減算）のプログラムを作りなさい。

```
1   import time
2
3   def genzan(a):
4       while(a):
5           print(a)
6           time.sleep(1)
7           a -= 1
8       print("時間です！")
9
10  a = input("何秒をカウントダウンしますか＞")
11  genzan(int(a))
```

解説

1行：time ライブラリの宣言。

3行：減算する関数 genzan の定義開始。引数 a を受け取る指定。

4行：変数 a がゼロになるまで繰り返す。

5行：変数 a の値を表示する。

6行：time ライブラリの sleep でプログラムを1秒止める。

7行：変数 a を1減らす（a = a - 1と同じ意味）。

8行：「時間です！」と表示。

10行：キーボードから減算したい数字を入力させ，変数 a に代入。

11行：関数 genzan に変数 a の値を int で整数にして引数として渡す。

実行結果

```
何秒をカウントダウンし
ますか＞3
3
2
1
時間です！
```

フローチャート

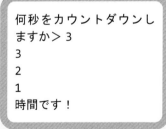

開始
↓
time の宣言
↓
a ←
キーボードから入力
↓
genzan 関数
引数 a
↓
終了

genzan 関数開始
↓
繰り返し
（a が 0 になるまで）
↓
変数 a を表示
↓
1秒待つ
↓
a ← a - 1
↓
繰り返し
↓
時間です！
と表示
↓
genzan 関数終了

Chapter
8

3 乱数ライブラリを使う

サイコロはふるたびに異なった数字を出します。そのようにして生成されたランダムな値を乱数といいます。Python もさまざまな乱数を発生させることができます。

random		乱数
書式	import *random* リスト変数 = [⋯] ⋮ random. *メソッド1. メソッド2.⋯⋯*	
説明	・choice(*リスト変数*) 　リスト変数内から任意のデータをランダムに選ぶ。 ・randint(*範囲の最初, 範囲の最後*) 　任意の範囲（最初，最後）の整数で乱数を発生させる。 ・randrange(*初期値, 最終値, 増減値*) 　初期値から最終値までの範囲で乱数を発生させ，増減値で増加や 　減少の刻み（ステップ）を指定する。	

例題 8-3

今日の運勢として「Very Happy」，「Happy」，「Usually」，「Bad」の4つをランダムに表示するプログラムを作りなさい。

プログラム 8-3

```
1    import random
2    a = ["Very Happy" , "Happy" , "Usually" , "Bad"]
3    print("今日の運勢は", random.choice(a))
```

解説

1行：乱数を使うときに必要な random ライブラリの宣言。

2行：いくつかの文字列をリストにして変数 a に格納している。

3行：random.choice は乱数（サイコロをふった結果）を出す部分。リスト変数 a 内からその都度ランダムに要素が選ばれるので，print で表示する。

実 行 結 果	フローチャート
今回の運勢は Happy ※結果は毎回異なります。	開始 random の宣言 リスト a の作成 今日の運勢は リスト a から乱数表示 終了

　リスト内から直接選ぶのではなく，乱数の数値を発生させて番号で指定することもできます。

プログラム 8-3a

```
1    import random
2    a = ["Very Happy" , "Happy" , "Usually" , "Bad"]
3    i = random.randint(0 , 3)
4    print("今日の運勢は", a[i])
```

解説

3行：`random.randint` は乱数（サイコロをふった結果）を出す部分。ここでは，0から3までの整数がランダムに発生する。作った乱数は変数 i に入れている。

4行：乱数が入っている変数 i を使ってリスト変数 a から要素を取り出す。

練習問題　8-2

　日本の神社で使われる「おみくじ」を大吉・吉・中吉・小吉・凶で出すプログラムを作りなさい（もっと数が多い，大吉・吉・中吉・小吉・半吉・末吉・末小吉・平・凶・小凶・半凶・末凶・大凶などにもチャレンジしてもよい）。

例題 8-4

　いつ，どこで，誰が，何をどうした，という物語を乱数で組み立てるプログラムを作りなさい。

```
1    import random
2
3    a = ["昔々、", "遠い昔のある日、", "つい最近、", "実は今
     日、"]
4    b = ["裏山で", "鬼ヶ島で", "竜宮城で", "城下町で", "遠
     い宇宙の彼方で"]
5    c = ["金太郎が", "桃太郎が", "浦島太郎が", "一寸法師
     が", "鬼が"]
6    d = ["相撲をとった。", "鬼を退治した。", "玉手箱をもらっ
     た。", "ワープした。", "窒息した。"]
7
8    print(random.choice(a) + random.choice(b) +
     random.choice(c) + random.choice(d))
```

解 説

1行：random ライブラリの宣言。

3行：「いつ？」にあたる言葉をリストにして，変数 a に入れる。

4行：「どこで？」にあたる言葉をリストにして，変数 b に入れる。

5行：「誰が？」にあたる言葉をリストにして，変数 c に入れる。

6行：「何をどうした？」にあたる言葉をリストにして，変数 d に入れる。

8行：random.choice がリスト変数 a，b，c，d からそれぞれランダム
　　　に抽出した言葉を print でつないで表示する。

実 行 結 果

遠い昔のある日、鬼ヶ島
で一寸法師がワープした。

※結果は毎回異なります。

フローチャート

例題 8-4 に，「どうなった？」の言葉を並べたリスト e を用意し，作られた文章の最後に追加するプログラムを作りなさい。

4 ライブラリで数当てゲームを作ろう

random メソッドによって生成された乱数は，0 以上 1 未満の小数点を含む数字を生成します。randint メソッドは，整数値の範囲を指定することができるのが特徴です。

例題 8-5

1 から指定した最大値までの乱数を発生させ，それが何であるかを当てるゲームのプログラムを作りなさい。

プログラム 8-5

```python
1    import random
2
3    a = int(input("最大数はいくつにしますか？"))
4    print("1から" , a , "までの数を当てよう")
5    b = random.randint(1, a)
6    c = 0
7    while c != b:
8        c = int(input("答えだと思う数字を入力＞"))
9        if c < b:
10            print("もっと大きい数です")
11        elif c > b:
12            print("もっと小さい数です")
13    print("正解です！　答えは", b , "でした")
```

解説

1 行：random ライブラリの宣言。

3 行：キーボードからの入力した数字を最大数として変数 a に代入。

4 行：「1 から」と変数 a の内容と「までの数を当てよう」と表示。

5 行：1 から変数 a までの範囲で乱数を発生させ，変数 b に代入（これが正解となる）。

6 行：変数 c に 0 を代入。

7 行：変数 c と変数 b が一致しない間は以下の処理を繰り返す。

8 行：キーボードから予測した答えを入力させ，変数 c に代入。

Chapter
8

9 行：予測した答えが入る変数 c より変数 b（正解）の方が大きいか判定。

10 行：「もっと大きい数です」と表示。

11 行：そうでなければ，変数 b より変数 c の方が大きいか判定。

12 行：「もっと小さい数です」と表示。

13 行：変数 c と変数 b の値が一致したらループを抜け，この行にくるので「正解です！　答えは」と変数 b と「でした」を表示する。

⚙ 実行結果

最大数はいくつにしますか？ 10
1 から 10 までの間の数を当てよう
答えだと思う数字を入力
＞ 5
もっと小さい数です
1 から入力した最大数までの間の数を当てよう 3
正解です！　答えは 3 でした

※結果は毎回異なります。

⬇ フローチャート

開始

random の宣言

a ←
キーボードから入力

b ←
1 から a までの乱数

1 から a までの数字を
当てようと表示

c ← 0

繰り返し
（c と b が不一致の間）

c ←
キーボードから入力

c < b ─ No

Yes

もっと大きい数です

c > b ─ No

Yes

もっと小さい数です

繰り返し

答えを表示

終了

　アルゴリズムでよく知られた二分探索で数を予測していくと，速く見つかります。（範囲内の中央の値から攻めていく考え方。p.24 参照）。

　変数はプログラム実行時は，「何かの値が代入されるまでは中に何が入っているかは不定」です。その状態で「比較」に使ってしまうと思わぬ誤動作の原因になります。そこで，あえて「c = 0」のようにとりえない値を代入しておいて，誤動作を防いでいるのです。

例題 8-5 は，1 から最大値のうち，範囲内の最大値だけを入力させたが，範囲内の最小数もキーボードから入力させて数を当てさせるように変更しなさい。

5 数学ライブラリを使う

難しい計算でも用意された関数を使えば，一発で答えが出せます。「いやいや，そんな難しい計算式は使わないよ」といっているあなた。グラフィックを描画するときにも三角関数なんて役立つのですよ。難しい数学の理屈を知らなくても，「数学関数にこんな範囲の値を渡すと，こういう結果が返ってくる」とだけ知っていれば十二分に活用することができます。

数学の math ライブラリは，「math. 数学公式」のようにドットでつないで指定するものが一般的です。

```
import math
print(math.pi)
```

とすれば，画面には　3.141592653589793　が表示されます。pi は π（円周率）ですね。

```
import math
a = float(input("半径を入力して下さい>"))
print("円の面積は" , a * a * math.pi)
```

というようにすれば，半径を入力させて円の面積を求めさせることができます。

```
import math
for i in range(10):
    print(math.pow(2 , i))
```

というようにすれば，2 の 0 乗から 9 乗までを計算して表示させることができます。

表 8-2◆math ライブラリで利用できる関数（一部）

名称	説明	利用例・出力例
ceil(x)	切り上げをして整数を返す。	math.ceil(3.1415) 4
floor(x)	切り捨てをして整数を返す。	math.floor(3.6) 3
sqrt(x)	平方根（ルート）を求めて値を返す。	math.sqrt(2) 1.4142135623730951
gcd(x,y)	x と y の最大公約数を返す。	math.gcd(18 , 30) 6
lcm(x,y)	x と y の最小公倍数を返す。	math.lcm(2 , 8) 8
pow(x,y)	x の y 乗を返す。	math.pow(2 , 8) 256.0
log10(x)	10 を底とする x の対数を返す。	math.log10(100) 2.0
log(x,y)	x を底とする y の対数を返す。	math.log(8 , 2) 3.0
sin(x)	x の sin の値を返す（x はラジアン表記）。	math.sin(8) 0.9893582466233818
cos(x)	x の cos の値を返す（x はラジアン表記）。	math.cos(8) -0.145500033808613
tan(x)	x の tan の値を返す（x はラジアン表記）。	math.tan(8) -6.799711455220379

※ 括弧内の x や y などの変数は関数に渡す引数です。

> **コラム　数学関数はグラフィックスでも活躍**
>
> 　math 関数のような数式の計算をするようなものは，自分たちは一生使わない…と思っている人もいるかもしれません。
>
> 　でも，sin や cos のような関数は，意外にもグラフィックスを描画するときにも使われます。例えばアナログ時計をプログラムで作りたいと思ったら，短針や長針，秒針を描画するわけですが，そこではバリバリ三角関数が登場します。
>
> 　ちょっと凝った曲線をプログラムで描こうと思ったら，こういった数学関数を組み合わせて活用する必要があるのです。

⑥ ライブラリとモジュール

　ほかのプログラミング言語にもライブラリはあり，先頭で宣言して使う使い方は
ほぼ同じです。ただ，Python では似たような言葉としてモジュールがあります。

　モジュールは，関数（及び，まだ習っていないクラス）が書かれたファイルです。
拡張子は普通のプログラムと同じく .py ですが，これだけを読み込んでも中にメイ
ンルーチンが無いので何も実行されません。そのため，必ずほかのメインルーチン
が書かれたほかのプログラムから呼び出します。よく使う便利な入力手順や表示方
法などをまとめておくと便利でしょう。

　そうした便利なモジュールを複数集めて，1 つのフォルダに入れたものがパッ
ケージです。基本的には同じような働きをするもの，あわせて使うのに便利なもの
などを集めておきます。さらに，パッケージを集めたものがライブラリだと考える
とよいでしょう。

　初心者だったら「ライブラリ＝モジュール」と考えてもらって問題ありません。

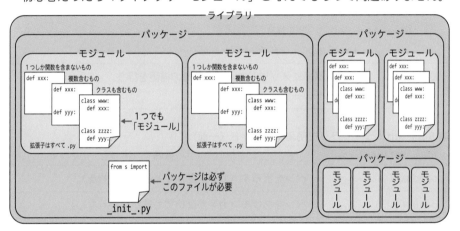

図◆ライブラリとパッケージとモジュールの関係

コラム　　ライブラリの確認方法

　自分が使っている環境にどのような
ライブラリがインストールされている
か確認したければ，コマンドプロンプ
ト（cmd）を起動して，

　pip list

と入力するだけです。インストール済
みライブラリとバージョンが表示されます。

3 節 グラフィカルなプログラム

ここからはライブラリを使って，グラフィカルな要素を使ったプログラミングをしてみましょう。

1 図形を描こう

Scratch（スクラッチ）という教育向けのプログラミング言語を，小中学校で使った経験があるかもしれません。そこではネコのキャラクターに命令を与えて，線を引いて作図を行えます。

実は，Python もライブラリを使えば，ネコのようなもの（ここではカメ）を呼び出して，同じように描画させることが可能なのです。

turtle		ライブラリ
書式	`import turtle` 　　　⋮ `turtle.`*メソッド1.メソッド2.*……	
説明	座標を基準にメソッドによって各種の描画を行う。 メソッドの一覧は下記の表を参照。	

表 8-3 ◆ turtle ライブラリで使えるメソッド（一部）

メソッド	意味
`pendown()`	ペンを下ろす（カメを動かすと線が引かれる）。
`penup()`	ペンをあげる（カメが動いても線が引かれない）。
`pencolor(`色`)`	ペンの色を指定した色に設定する。
`forward(`距離`)`	現在の方向に引数で指定した距離進む。
`home()`	原点（0, 0）に移動し開始時の方向に向ける。
`right(`角度`)`	引数で指定した角度だけ右に回転する。
`left(`角度`)`	引数で指定した角度だけ左に回転する。
`setposition(x, y)`	引数で指定した位置（x, y）に移動する。
`speed(`速さ`)`	スピードを 1 から 10 までの範囲の整数に設定する。
`shape(`種類`)`	動かすキャラの形を "turtle", "arrow", "circle", "square", "triangle" などから選べる。
`done()`	描画の終了。

カメを出現させて，三角形を描画するプログラムを作りなさい。

プログラム 8-6

```
1    import turtle
2
3    turtle.shape("turtle")
4    for i in range(3):
5        turtle.forward(200)
6        turtle.left(120)
7    turtle.done()
```

解説

1行：タートルライブラリの宣言。

3行：線を引くキャラクターにカメを指定（この行が無いと矢印になる）。

4行：3回のループ。

5行：線を引きながら200ピクセル前進。

6行：左に120度回転する。

7行：カメの終了命令。

実行結果

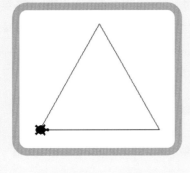

フローチャート

開始

turtle の宣言

矢印をカメにする

繰り返し
（0から3未満の間）

200ピクセル前進

左120度回転

繰り返し

カメ終了

終了

Chapter
8

【import の書式その 1】

　import は，そのまま宣言すると，ライブラリを使えるようになりますが，いちいち「ライブラリ．メソッド」のようにライブラリとメソッドをドットでつないで指定をしなければならないため，記述が長くなります。

　しかし，from を付けて import したもの全部（最後の * は「すべて」という意味）と指定すると，ライブラリ名の部分を省略できるようになります。

　本来，turtle.forward(200) と書かなければならないところが，メソッドの forward(200) だけで動作しています。以下の記述と比べてみましょう。

（例）from を使った import 宣言での書き方

```
1    from turtle import *
2
3    shape("turtle")
4    for i in range(3):
5        forward(200)
6        left(120)
7    done()
```

　「kame というローマ字は恥ずかしいから，格好良く英語のスペルで "turtle.py" というファイル名で保存しよう」。これは大問題です。なぜなら Python が持つライブラリに同じ名前があるからです。同じ名前があると Python は迷ってエラーを出し，私たちの作ったファイルを優先してプログラムから同じ名前のプログラムを呼んで，さらに…といった混乱すら発生します。これ以外でも，よく使われる英単語（except とか class や try など）でファイル名を付けるのは避けて下さい。

練習問題　8-5

　五角形を描くように変更しなさい。

コラム　カメ描画の元祖は

　実はカメが描画するという，キャラを動かすプログラミング言語の元祖は Scratch でも Python でもありません。

　マサチューセッツ工科大学の Seymour Papert は，子どもたちがプログラミングを楽しく学べるように，教育用プログラミング言語 LOGO を開発しました。これが画面上のカメに命令を与えて絵を描かせる，という機能を持っていました。

　LOGO 言語は世界中で使われ，日本でも「右へ」,「くりかえす」といった日本語でプログラムできる製品も販売されています。

2 アプリのようなウインドウやボタンを表示しよう（tkinter）

Python には，ウインドウを生成したり，ウインドウ内にボタンやラベルを配置したりできる GUI ツールキット「tkinter」ライブラリが提供されています。このライブラリを用いると，画面内にウインドウを生成し，ボタンやラベルを配置したプログラムを作ることができます。なお，画面に表示されるウインドウのデザインは，Windows や macOS，Android など動作する OS ごとに，自動的に変更されます。

tkinter		ライブラリ
書式	`import tkinter` 　　　　⋮ `tkinter.` *ウィジェット*（*引数1, 引数2, ……*）	
説明	IDLE や Visual Studio Code 内での実行画面とは独立したウインドウやボタンなどのパーツを生成，制御を行う。 ＜ウィジェット＞ ・`Tk()` フォーム（ウインドウ）を生成する。 ・`Canvas` キャンバスを生成する。 ・`Label()` ラベルを生成する。 ・`Button()` ボタンを生成する。 ・`Scale` スケールを生成する。 ＜メソッド＞ ・`title(` 名称 `)` ウインドウにタイトルを付ける（未設定時は「tk」と表示される）。 ・`geometry(` サイズ `)` ウインドウのサイズを（横×縦）の数値で設定する。 ・`pack()` ウィジェットを表示する。 ・`mainroop()` イベントループ（何かあるまで繰り返し表示し続ける）。	

※ tkinter が提供するウインドウやパーツは，ウィジェットと呼ばれます。ここでは一部のウィジェットのみを紹介しています。ウィジェットの名称は一文字目が大文字である点に注意して下さい。

例題 8-7

ウインドウを生成し，ラベルとボタンを配置したプログラムを作りなさい。

```
1    import tkinter as tk
2
3    mform = tk.Tk()
4    mform.geometry("320x240")
5
6    lbl1 = tk.Label(text = "LABEL1")
7    btn1 = tk.Button(text = "BUTTON1")
8
9    lbl1.pack()
10   btn1.pack()
11   mform.mainloop()
```

解説

1行：tkinter ライブラリの宣言（as に関しては後述）。

3行：tkinter で生成したウインドウを mform という名前で定義した。

4行：mform のウインドウサイズは 320 × 240 ピクセルとした。

6行：tkinter で生成したラベルに「LABEL1」と表示し，lbl1 という
名前で定義した（まだラベルは表示されない）。

7行：tkinter で生成したボタンに「BUTTON1」と表示し，btn1 とい
う名前で定義した（まだボタンは表示されない）。

9行：lbl1 を表示。

10行：btn1 を表示。

11行：ウインドウ mform を表示。何かあるまで
ずっと繰り返し表示し続ける。

実行結果

フローチャート

開始

tkinter の宣言

ウインドウの生成
mform

ウインドウサイズ
320×240

ラベルの生成
lbl1

ボタンの生成
btn1

ラベル lbl1 の表示

ボタン btn1 の表示

ウインドウ mform を
表示し続ける

終了

上記のプログラムは，ただ作って表示しただけなので，ボタンを押しても何も起きません。終了条件をプログラムに書いていないので，ウインドウを閉じるボタン（Windows なら右上）を押して終了させます。

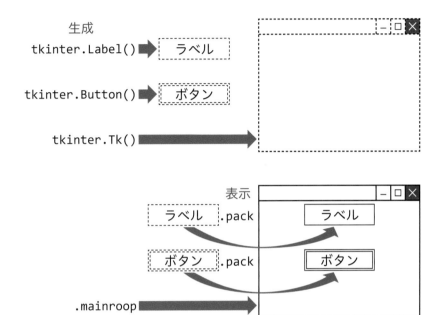

　ウインドウやラベル，ボタンなど，Python で利用するパーツは，必ず事前に生成・名前を定義してから，表示しろという命令を出さないと表示されません。

　作ったウインドウである `mform` は，`mainroop` メソッドで繰り返し設定にしないと，表示されるやいなやすべての仕事を終えたつもりで終了してしまいます。ループという名前がメソッドになっている意味は，私たちが何かのイベント（マウスクリックなどの入力など）を起こすまで，ずっと待ち続けますよということです。何か起こるまで待つことをイベントドリブンといいます。

【`import` の書式その2】

　`import` は，「ライブラリ名 as 自分で決めた短縮名」とすると，以降，長いライブラリ名を使わずに，短縮名で利用できるようになります。

　自分で好きな短縮名を決めてよいのですが，`tkinter` は慣習的に `tk` と略すことが多いようです。

.configure()		メソッド
書式	import tkinter as tk 　　　　⋮ tk.configure(*引数 1,　引数 2,　……*)	
説明	ウィジェット上の文字やサイズの変更が行える。 <引数> text = " ウィジェット上に表示する文字 "。 command = ウィジェットを操作したら実行する命令（関数を呼ぶ）。 font = (" フォント名 ",　" フォントサイズ ",　太字指定，斜体指定， 下線指定，取消線指定)。	

フォント名は正確に書かないとエラーが出るのでこだわりがなければ省略すると楽。font=("",20,"bold") とすれば，20 ポイントで太字になります。斜体は italic，下線は underline，取消線は overstrike です。

ラベルやボタンのように文字を表示できるパーツは，生成時に初期値として text や font を指定できますが，.configure メソッドを使えば，あとから変更することもできます。

次に，ボタンを押したらラベルの表示が切り替わるようにしてみましょう。押した場合の表示部分は関数化しています。

🔗 プログラム 8-7a

```
1    import tkinter as tk
2
3    def dsplbl1():
4        lbl1.configure(text = "押されたぁ！")
5
6    mform = tk.Tk()
7    mform.geometry("320x240")
8
9    lbl1 = tk.Label(text = "")
10   btn1 = tk.Button(text = "押して！", command =
     dsplbl1)
11
12   lbl1.pack()
13   btn1.pack()
14   mform.mainloop()
```

1行：tkinter ライブラリの宣言とともに別名 tk で使う。

3行：関数 dsplbl1 の定義開始。

4行：ラベル1の文字を「押されたぁ！」に変更して表示する。

6行：tkinter で生成したウインドウを mform という名前で定義した。

7行：mform のウインドウサイズは 320 × 240 ピクセルとした。

9行：tkinter で生成したラベルには何も表示せず，lbl1 という名前で
定義した。

10行：tkinter で生成したボタンに「押して！」と表示し，btn1 とい
う名前で定義した。ボタンが押されると関数 dsplbl1 を呼ぶ。

12行：lbl1 を表示。

13行：btn1 を表示。

14行：ウインドウ mform を表示。何かあるまでずっと繰り返し表示し続
ける。

実行結果

フローチャート

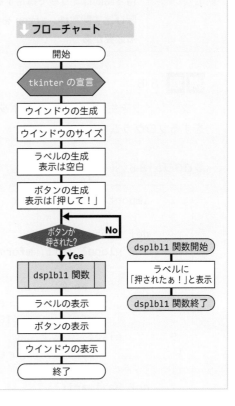

ウインドウサイズを 640 × 480 に変更し，ボタンを押したらラベル
に「押されました」と表示するプログラムに改良しなさい。

3 tkinter でカウントダウンタイマーを作ろう

ウインドウを使ったプログラムで例題 8-2 で使ったように，time.sleep(1) と
して 1 秒間の待ち時間を入れようとすると，mainroop に処理が戻ってこない現象
が発生します。そういうときは，tkinter の after メソッドを使います。

.after()		メソッド
書式	import tkinter as tk 　　　　　⋮ tk.after(*待ち時間, 呼び出す関数, 関数へ渡す引数*)	
説明	待ち時間はミリ秒で指定する（1/1000 秒）。 呼び出す関数は，after を使う以前に定義（作られている）してい る必要がある。	

例題 8-8

ウインドウを生成し，ラベルとボタンを配置して 3 秒のカウントダウン
をするプログラムを作りなさい。

プログラム 8-8

```
1    import tkinter as tk
2
3    def herasu(c):
4        global lbl1, mform
5
6        if c >= 0:
7            lbl1.configure(text = c)
8            mform.after(1000, herasu, c - 1)
9        else:
10           lbl1.configure(text = "End")
11
12   def hajimari():
13       global mform
14       lbl1.configure(text = "Start")
15       mform.after(1000, herasu, 3)
```

```
16
17    mform = tk.Tk()
18    mform.geometry("320x240")
19    lbl1 = tk.Label(mform , font=("" , "20"))
20    lbl1.pack()
21
22    btn1 = tk.Button(mform, text = "押して！",
      font=("" , "20"), command = hajimari)
23    btn1.pack()
24
25    mform.mainloop()
```

💬 解説

1行：tkinter ライブラリの宣言とともに別名 tk で使う。

3行：関数 herasu の定義開始。引数として変数 c を受け取る。

4行：関数が呼ばれるたびに初期化されて表示が消えてしまわないように，ラベルとウインドウをグローバル宣言している。

6行：受け取った変数 c が 0 以上かを判定。

7行：ラベルの表示を変数 c で書き換える。

8行：1 秒待って，変数 c の値を 1 減らして，再び自分自身を呼び出す。

9行：6 行目の条件に一致しない場合。

10行：ラベルに「End」と表示。

12行：関数 hajimari の定義開始。引数は無い。

13行：ウインドウを初期化されないように mform をグローバル宣言。

14行：ラベルに「Start」を表示。

15行：1 秒待って関数 herasu を呼び，引数として 3 を渡す。

17行：tkinter で生成したウインドウを mform という名前で定義した。

18行：mform のウインドウサイズは 320 × 240 ピクセルとした。

19行：tkinter で生成したラベルにフォントサイズを 20 ポイントにして何も表示せず，lbl1 という名前で定義した。

20行：lbl1 を表示。

22行：tkinter で生成したボタンのフォントを 20 ポイントにして，「押して！」と表示。このボタンが押されたら，関数 hajimari を呼び出す。

23行：btn1 を表示。

25行：ウインドウ mform を表示。何かあるまでずっと繰り返し表示し続ける。

Chapter
8

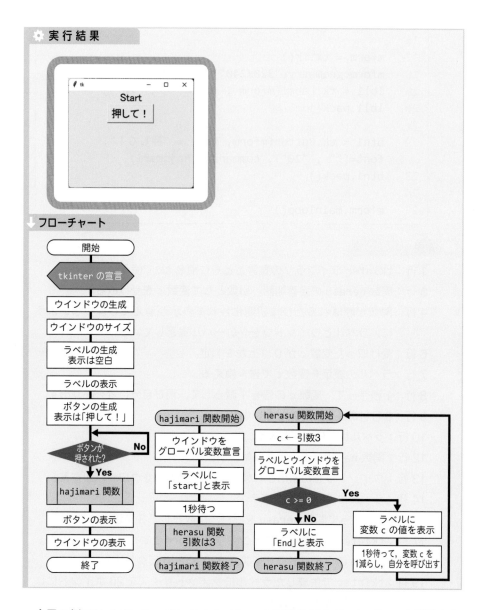

実行結果

Start
押して！

フローチャート

開始

tkinter の宣言

ウインドウの生成

ウインドウのサイズ

ラベルの生成
表示は空白

ラベルの表示

ボタンの生成
表示は「押して！」

ボタンが
押された？ → **No**

Yes

hajimari 関数

ボタンの表示

ウインドウの表示

終了

---

hajimari 関数開始

ウインドウを
グローバル変数宣言

ラベルに
「start」と表示

1秒待つ

herasu 関数
引数は3

hajimari 関数終了

---

herasu 関数開始

c ← 引数3

ラベルとウインドウを
グローバル変数宣言

c >= 0 → **Yes**

No

ラベルに
「End」と表示

herasu 関数終了

ラベルに
変数 c の値を表示

1秒待って，変数 c を
1減らし，自分を呼び出す

今回の例ではメインルーチンから hajimari 関数を呼んで，hajimari 関数から herasu 関数を呼ぶように，関数から関数を呼び出す方法をとっています。

このような構造の場合は，関数を定義する順序が大切になります。hajimari 関数を先に定義してしまうと，その中に描かれている「herasu 関数ってなに？」ということになりかねません。参照順序をよく考えて，破綻しないように記述する事が大切です。

> **練習問題** 8-7

　　　　カウントダウンの時間を5秒に変更し，表示メッセージを「開始」と「終了」に変更しなさい。

Chapter
8

④ 保存済みの画像ファイルを読み込んで表示してみよう

　tkinter ライブラリはウインドウなどを作成する機能だけではなく，画像ファイルを読み込んで表示する機能も持っています。ここでは，tkinter が標準で対応している画像形式である GIF で保存された画像を読み込んで表示してみましょう。

.Canvas()	ウィジェット
書式	import tkinter as tk 　　　　⋮ *変数* = tk.Canvas(*キャンバスを作成するウインドウ名, 引数 1,* *引数 2……*)
説明	図形や画像を表示するためのベースとなる場所。 height = キャンバスの高さ。 width = キャンバスの横幅。 　width = 200 , height = 200 のようにピクセル数で指定する。 bg = " 背景色を色名で指定 "。 bd = 枠線の太さ。 ＜メソッド＞ ・create_image(画像横幅, 画像縦幅, image = イメージオブジェクト)。 　キャンバス上に画像を指定の大きさで表示する。 ・delete(" ウィジェット名 ")。 　配置されたウィジェットの削除（消去），all を指定すれば全消去。

PhotoImage()	ライブラリ・クラス
書式	import tkinter as tk 　　　　⋮ tk.PhotoImage(file = " *ファイル名* ", width = *横幅* , height = *高さ*)
説明	画像は直接ウィンドウに表示できないので，Canvas や Label，Button などのウィジェットに貼り付けて表示する。 読み込める画像ファイル形式は，GIF と PNG。 width = 200 , height = 200 のようにピクセル数で指定すると，画像の左上から 200 × 200 ピクセルの範囲部分だけを表示する。

※準備としてキャンバスを用意して，そこに別に読み込んだ画像を指定して表示するというプロセスで使います。

例題 8-9

ウィンドウを生成し，そこに画像ファイルを読み込んで表示するプログラムを作りなさい。なお，画像ファイルは事前に同じフォルダにコピーしておくこと（GIF 形式のファイルであれば，示した以外のものでもよい）。

```
1    import tkinter as tk
2
3    mform = tk.Tk()
4    canvas  = tk.Canvas(mform, width = 300, height =
     300)
5    canvas.pack()
6
7    im = tk.PhotoImage(file = "d01.gif")
8    canvas.create_image(150, 150, image = im)
9    mform.mainloop()
```

解説

1 行：tkinter ライブラリの宣言とともに別名 tk で使う。

3 行：ウインドウを生成し，mform という名前で定義した。

4 行：ウインドウ mform 上にキャンバスを横 300，縦 300 サイズで作り，canvas という名前で定義した。

5 行：キャンバスを表示。

7 行：画像ファイルを読み込み，変数 im イメージオブジェクトに格納（後述）。

8 行：画像ファイルが格納されるイメージオブジェクト im の画像を縦横 150 ピクセルの大きさで表示する。

9 行：ウインドウ mform を表示。何かあるまでずっと繰り返し表示し続ける。

実行結果

フローチャート

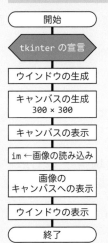

開始

tkinter の宣言

ウインドウの生成

キャンバスの生成
300 × 300

キャンバスの表示

im ←画像の読み込み

画像の
キャンバスへの表示

ウインドウの表示

終了

Chapter
8

画像ファイルは数字や文字のように，直接プログラム内で目視することができません。こうしたデータを扱うためには，そのデータを指し示すオブジェクトを作成する必要があります。画像ファイルを指し示したオブジェクトはイメージオブジェクトと呼ばれ，以降プログラム内ではこのイメージオブジェクトに対して各種の操作を行います。

特に難しい操作や指定をしなければならないわけではなく，単に変数を指定して代入するだけでよいようになっています。

画像を表示するには，
① ウインドウの生成
② キャンバスの設定・表示
③ 画像ファイルをイメージオブジェクトに代入
④ イメージオブジェクトを指定してキャンバスに表示
⑤ ウインドウの繰り返し表示
といったプロセスが必要であることがわかりました。

練習問題 8-8

ほかの画像ファイル「d02.gif」を読み込むようにファイル名を変更して，プログラムを改良しなさい。

画像ファイルの読み込みができたので，複数の画像ファイルを選択表示するプログラムを作ってみよう。

例題 8-9a

乱数を利用してサイコロをふり，画像付きで表示するプログラムを作りなさい。

プログラム 8-9a

```
1    import tkinter as tk
2    import random
3
4    dice_im = ["d01.gif" , "d02.gif" , "d03.gif" ,
     "d04.gif" , "d05.gif" , "d06.gif"]
5
6    mform = tk.Tk()
```

```
 7    canvas  = tk.Canvas(mform, width = 300, height =
      300)
 8    canvas.pack()
 9
10    def load_dice():
11        global im
12        canvas.delete("all")
13        i = random.randint(0 , 5)
14        im = tk.PhotoImage(file = dice_im[i])
15        canvas.create_image(150, 150, image = im)
16
17    btn1 = tk.Button(mform, text = "サイコロをふる！",
      font=("" , "20"), command = load_dice)
18    btn1.pack()
19
20    mform.mainloop()
```

💬 解説

1 行：tkinter ライブラリの宣言とともに別名 tk で使う。

2 行：乱数を扱える random ライブラリを宣言。

4 行：サイコロの画像ファイル名をリストにして変数 dice_im に格納。

6 行：ウインドウを生成し，mform と名付けた。

7 行：ウインドウ mform 上にキャンバスを横 300，縦 300 で作り，変数名 canvas として定義した。

8 行：キャンバスを表示。

10 行：関数 load_dice を定義開始。引数は無い。

11 行：（呼ばれるたびに消えないように）変数 im をグローバル変数宣言。

12 行：直前の画像が残っているとまずいので，一応すべて .delete で削除。

13 行：0 から 5 までの 6 個分の乱数を発生させ，変数 i に代入。

14 行：リストにあるファイル名を変数 i を要素番号として取り出し，変数 im にイメージオブジェクトとして格納する。

15 行：変数 im のイメージオブジェクトを 150 × 150 のサイズで表示。

17 行：ボタンを生成し「サイコロをふる！」と 20 ポイントで表示，押されたら関数 load_dice を呼び出す。

18 行：btn1 を表示。

20 行：ウインドウ mform を表示。何かあるまでずっと繰り返し表示し続ける。

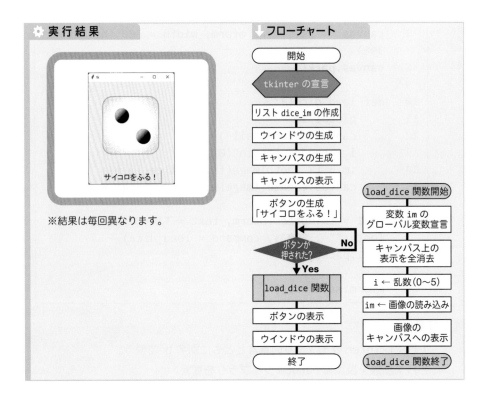

実行結果

※結果は毎回異なります。

フローチャート

開始
↓
tkinter の宣言
↓
リスト dice_im の作成
↓
ウインドウの生成
↓
キャンバスの生成
↓
キャンバスの表示
↓
ボタンの生成「サイコロをふる!」
↓
ボタンが押された? —No→
↓Yes
load_dice 関数
↓
ボタンの表示
↓
ウインドウの表示
↓
終了

load_dice 関数開始
↓
変数 im のグローバル変数宣言
↓
キャンバス上の表示を全消去
↓
i ← 乱数(0〜5)
↓
im ← 画像の読み込み
↓
画像のキャンバスへの表示
↓
load_dice 関数終了

練習問題 8-9

　　　リスト内のファイル名を変更し，トランプのエースからキングまでの13枚をランダムに表示するプログラムに改良しなさい（画像はフリー画像など，各自で用意しておくこと）。

コラム　番号ズレが気になる人は

　リストの要素は0番から始まるので，画像ファイルの番号とズレが生じます。画像の中身とファイル名に関係性が無いものならファイル名を0からの連番にしてもよいですが，今回のようなケースではそうはいきません。

　リストの0番目の要素に「" "」と空のデータを作成しておいて，1番目からファイル名のデータを要素に入れ，乱数も1から6まで発生させるといった工夫をすれば，画像とファイル名と要素名の連番を一致させることは可能です。

　そうした場合，なぜそのような記述の仕方をしたのかコメントに書いておかないと，プログラムを改良・拡張したときにミスが入り込む原因となります。

4 節 インタラクティブなプログラム

前節で作ったカウントダウンタイマーは，プログラム内に指定した時間が直接書かれていて，利用者が変更することはできませんでした。

これを改良して，利用者が自由に時間を設定・変更できるようにしてみましょう。

1 スケールのウィジェットを使う

従来のテキスト中心のプログラムでは，私たち利用者の意志はキーボードを通じて数値や文字で入力していました。せっかくウインドウやそこに配置する部品（ウィジェット）を使えるようになったので，値の入力もウィジェットを使ってみましょう。

ここでは，ほかのプログラミング言語ではトラックバーやスライダーなどと呼ばれるスケールを使ってみます。

Scale()	ウィジェット
書式	import tkinter as tk ⋮ *変数* = tk.Scale(*キャンバスを作成するウインドウ名，引数 1，引数 2……*)
説明	orient = " 縦型なら v　横型なら h を指定する "。 showvalue = スケールの現在値の表示・非表示を True か False で指定。 variable = スケール現在値を格納する場合に指定。 from_ = スケールの値の開始値 (最小値)。 to = スケールの値の最終値 (最大値)。 length = スケールの表示幅。 ＜メソッド＞ ・place(x = x 座標 , y = y 座標)　指定した場所にウィジェットを配置する。 ・get()　スケールの値を取得。

Chapter
8

▤ 例 題 8-10

スケールのウィジェットで秒数を設定可能なカウントダウンタイマーのプログラムを作りなさい。

```python
1   import tkinter as tk
2   import time
3
4   mform = tk.Tk()
5   mform.title("Count Down Timer")
6   mform.geometry("300x150")
7   canvas = tk.Canvas(mform , width = 300 , height = 150)
8   canvas.pack()
9
10  def onSlide(self):
11      canvas.delete("all")
12      canvas.create_text(160 , 35 , text = sld.get() , font = ("",30))
13
14  def btnClick():
15      global endTime
16      endTime = time.time() + sld.get()
17      mform.after(50 , genzan)
18
19  def genzan():
20      canvas.delete("all")
21
22      lapTime = endTime - time.time()
23      if lapTime > 0:
24          canvas.create_text(160 , 35 , text = int(lapTime) , font = ("",30))
25          mform.after(50 , genzan)
26      else:
27          canvas.create_text(160 , 35 , text = "終了" , font = ("",30))
28
29  var = tk.IntVar(master = mform , value = 3)
30  sld = tk.Scale(mform, orient = "h" , showvalue = False , variable = var , from_ = 1, to = 10 , length = 160 , command = onSlide)
31  sld.place(x = 75 , y = 75)
32  btn = tk.Button(mform , text = "スタート" , command = btnClick , width = 8 , font = ("",14))
33  btn.place(x = 110 , y = 110)
34  canvas.create_text(160 , 35 , text = sld.get() , font = ("",30))
35
36  mform.mainloop()
```

1 行：tkinter ライブラリの宣言とともに別名 tk で使う。

2 行：time ライブラリを宣言。

4 行：ウインドウを生成し，mform と名付けた。

5 行：作ったウインドウのタイトルに「Count Down Timer」と表示。

6 行：mform のウインドウサイズは 300 × 150 ピクセルとした。

7 行：ウインドウ mform 上にキャンバスを横 300，縦 150 で作り，変数名 canvas として定義する。

8 行：キャンバスを表示。

10 行：関数 onSlide の定義開始。self という引数を入れると，スケールが変更されるたび，自分自身（onSlide 関数）が再度呼ばれる。

11 行：直前の画像が残っているとまずいので，一応すべて .delete で削除。

12 行：キャンバスにスケールから得た値を表示。

14 行：関数 btnClick を定義開始。引数は無い。

15 行：変数 endTime をグローバル変数宣言。

16 行：現在時刻にスケールの値を足して，変数 endTime に代入。

17 行：描画が間に合わないことがあるので 0.05 秒待って，関数 genzan を呼び出す。

19 行：関数 genzan を定義開始。引数は無い。

22 行：カウントする時間の変数 endTime から現在時刻を引いて，変数 lapTime に代入。残り時間が入る。

23 行：変数 lapTime が 0 より大きいか判定。

24 行：キャンバスに変数 lapTime による残り時間を表示。

25 行：0.05 秒待って，自分自身の関数 genzan を呼び出す。

26 行：23 行目の条件に合わなければ以下を実行。

27 行：キャンバスに「終了」と表示。

29 行：ウインドウは整数型を維持して，初期値に 3 を与え，変数 var に代入する。

30 行：スケールを横型，現在地に変数 var の値を入れ，1 から 10 までバーを 160 ピクセルの幅で作って，操作されると関数 onSlide を呼ぶ。

31 行：スケールを置く（表示）場所を xy 座標で指定。

32 行：ボタンを生成し，「スタート」と表示，押されたら関数 btnClick を呼ぶ。

33 行：ボタンを置く（表示）場所を xy 座標で指定。

34 行：キャンバスにスケールの値を表示する。

Chapter
8

36行：ウインドウ mform を表示。何かあるまでずっと繰り返し表示し続
ける。

実行結果

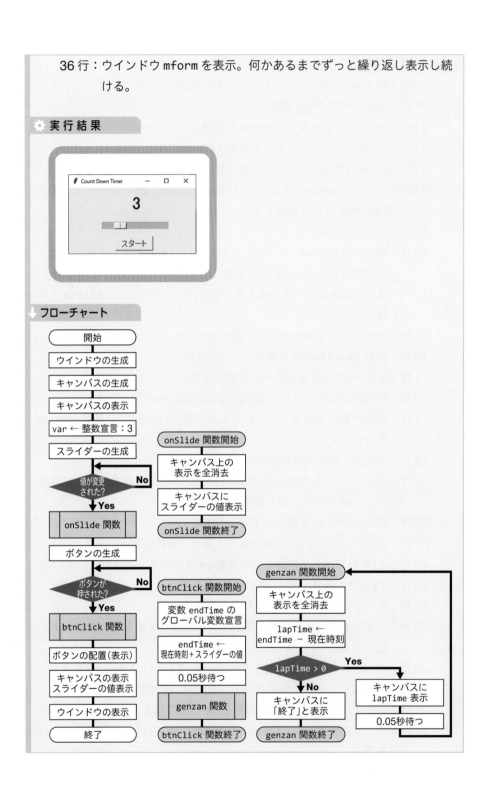

フローチャート

なお，小数点第一位まで表示させたい場合は，int(lapTime) の部分を
round(lapTime,1) とすると良いでしょう。

　after メソッドがあるので，全部これでストップウォッチが作れそうですが，
実は after メソッドで指定した関数が実行されるのは，指定した時間後でかつア
イドルタイム（アプリが何もすることが無く暇なとき）に限られます。少しでも負
荷（それこそ，ウインドウの移動やサイズ変更など）がかかると，たちまち実行が
遅れていってしまいます。だから，after メソッドは厳密な計測には向かないの
です。

　ウィジェットと連動する変数は，ウィジェット変数と呼ばれます。普通の変数で
は，int() や str() を使って変換していました。ウィジェットによる部品から得
る値も，何で受け取るのかを指定できます。ここでは整数の IntVar を使いました
が，普通の変数と同じく 4 種類あります。

表 8-4 ◆ ウィジェット変数

StrigVar	文字列を扱う。
IntVar	整数を扱う。
DoubleVar	浮動小数点を扱う。
BooleanVar	真偽値（True もしくは False）を扱う。

練習問題　8-10

　　　　　スケールの値が減算とともに連動するようにプログラムを改良しなさ
　　　い。

2 図形を描画しよう

　ウインドウ内にキャンバスを作成することで，描画命令を用いて丸や四角などの
単純な図形を描くことができます。

表 8-5 ◆ 図形描画で使える命令

関数	説明
create_line()	直線（折れ線）
create_oval()	楕円
create_arc()	円弧（楕円の円周の一部）

create_rectangle()	矩形（長方形）
create_polygon()	多角形
create_image()	イメージ
create_bitmap()	ビットマップ
create_text()	文字列

表 8-6◆図形に設定できる値

処理	説明
fill = 色	内部を塗りつぶす色（後述）。
stipple = ビットマップ	内部を塗りつぶすときの模様になるビットマップを指定，灰色なら gray12, gray25, gray50, gray75 などを指定する。
outline = 色	枠の色。
width = 幅	枠の幅（既定値は 1.0）。

例題 8-11

　先ほどのプログラムに緊迫感を出すために，爆弾に見える円や多角形を描画し，0のカウントちょうどで爆発するので，タイマーを動かしたら目をつむってちょうど0の直前を頭の中でカウントダウンして当てるプログラムを作りなさい。

プログラム 8-11

```
1   import tkinter as tk
2   import time
3
4   mform = tk.Tk()
5   mform.title("Count Down Timer")
6   mform.geometry("300x150")
7   canvas = tk.Canvas(mform , width = 300 , height =
    150)
8   canvas.pack()
9   canvas.create_oval(5, 50, 80, 130, fill =
    "#000000")
10
```

```
11    def onSlide(self):
12        canvas.delete("all")
13        canvas.create_text(160 , 35 , text = sld.
          get() , font = ("",30))
14
15    def btnClick():
16        global endTime
17        endTime = time.time() + sld.get()
18        mform.after(50 , genzan)
19
20    def genzan():
21        canvas.delete("all")
22
23        lapTime = endTime - time.time()
24        if lapTime > 0:
25            canvas.create_text(160 , 35 , text =
              int(lapTime) , font = ("",30))
26            sld.set(lapTime)
27            mform.after(50 , genzan)
28        else:
29            canvas.create_text(160 , 35 , text = "爆発
              " , font = ("",30))
30            canvas.create_polygon(85, 20, 150, 80,
              120, 150, 50, 150, 20, 80 , width = 3.0 ,
              fill = "red")
31
32    var = tk.IntVar(master = mform , value = 3)
33    sld = tk.Scale(mform, orient = "h" , showvalue =
      False , variable = var , from_ = 1, to = 10 ,
      length = 160 , command = onSlide)
34    sld.place(x = 75 , y = 75)
35    btn = tk.Button(mform , text = "スタート" ,
      command = btnClick , width = 8 , font = ("",14))
36    btn.place(x = 110 , y = 110)
37    canvas.create_text(160 , 35 , text = sld.get() ,
      font = ("", 30))
38
39    mform.mainloop()
```

Chapter 8

💬 **解 説**（主要部分のみ）

1行：tkinter ライブラリの宣言とともに別名 tk で使う。
2行：time ライブラリを宣言。

4 行：ウインドウを生成し，mform と名付けた。

5 行：作ったウインドウのタイトルに「Count Down Timer」と表示。

6 行：mform のウインドウサイズは 300 × 150 ピクセルとした。

7 行：ウインドウ mform 上にキャンバスを横 300，縦 150 で作り，変数名 canvas として扱う。

8 行：キャンバスを表示。

9 行：左上の座標から右下の座標を指定して円を描画。黒で塗りつぶし。

11 行：関数 onSlide を定義開始。self という引数を入れると，スケールが変更されるたび，自分自身（onSlide 関数）が再度呼ばれる。

12 行：直前の画像が残っているとまずいので，一応すべて .delete で削除。

13 行：キャンバスにスケールから得た値を表示。

15 行：関数 btnClick を定義開始。引数は無い。

16 行：変数 endTime をグローバル変数宣言。

17 行：現在時刻にスケールの値を足して，変数 endTime に代入。

18 行：描画が間に合わないことがあるので 0.05 秒待って，関数 genzan を呼び出す。

20 行：関数 genzan を定義開始。引数は無い。

21 行：直前の画像が残っているとまずいので，一応すべて .delete で削除。

23 行：カウントする時間の変数 endTime から現在時刻を引いて，変数 lapTime に代入。残り時間が入る。

24 行：変数 lapTime が 0 より大きいか判定。

25 行：キャンバスに変数 lapTime による残り時間を表示。

26 行：変数 lapTime の値をスケールに反映。

27 行：0.05 秒待って，自分自身の関数 genzan を呼び出す。

28 行：24 行目の条件に合わなければ以下を実行。

29 行：文字を「終了」から「爆発」に変更。

30 行：各頂点の座標を指定して，多角形を描画。赤で塗りつぶし。

32 行：ウインドウは整数型で値を受け取り，初期値に 3 を与え，変数 var に代入する。

33 行：スケールを横型，現在地に変数 var の値を入れ，1 から 10 までバーを 160 ピクセルの幅で作って，操作されると関数 onSlide を呼ぶ。

34 行：スケールを置く（表示）場所を xy 座標で指定。

35 行：ボタンを生成し，「スタート」と表示，押されたら関数 btnClick を呼ぶ。

36 行：ボタンを置く（表示）場所を xy 座標で指定。

37 行：キャンバスにスケールの値を表示する。

39行：ウインドウ mform を表示。何かあるまでずっと繰り返し表示し続
　　　ける。

実 行 結 果

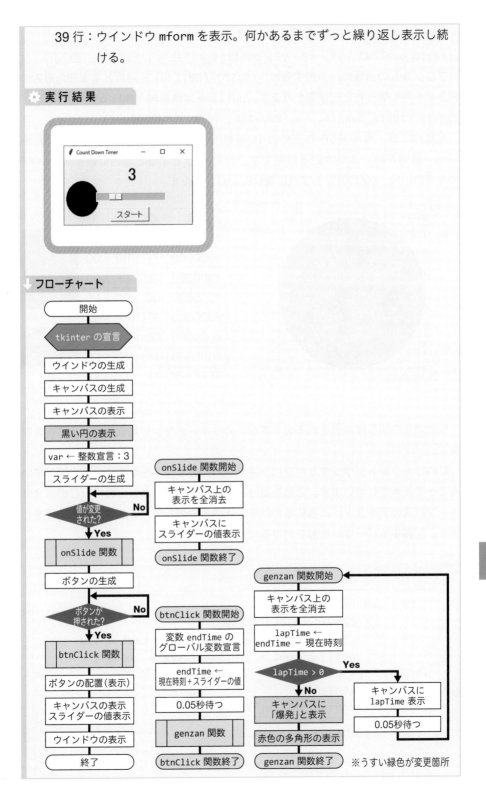

フローチャート

開始

tkinter の宣言

ウインドウの生成

キャンバスの生成

キャンバスの表示

黒い円の表示

var ← 整数宣言：3

スライダーの生成

値が変更された?　**No**

Yes

onSlide 関数

ボタンの生成

ボタンが押された?　**No**

Yes

btnClick 関数

ボタンの配置（表示）

キャンバスの表示
スライダーの値表示

ウインドウの表示

終了

---

onSlide 関数開始

キャンバス上の
表示を全消去

キャンバスに
スライダーの値表示

onSlide 関数終了

---

btnClick 関数開始

変数 endTime の
グローバル変数宣言

endTime ←
現在時刻＋スライダーの値

0.05秒待つ

genzan 関数

btnClick 関数終了

---

genzan 関数開始

キャンバス上の
表示を全消去

lapTime ←
endTime − 現在時刻

lapTime > 0　**Yes**

No

キャンバスに
「爆発」と表示

赤色の多角形の表示

genzan 関数終了

キャンバスに
lapTime 表示

0.05秒待つ

※うすい緑色が変更箇所

Chapter
8

図形の書式は以下のようになっています。

`.create_oval(x1, y1, x2, y2, outline = "色", fill = "色")`

プログラムのように，指定すると，(5,50)-(80,130) を対角とする四角形内におさまる黒く塗られた円が描かれます。outline は輪郭線（枠）です。

`canvas.create_oval(5, 50, 80, 130, fill = "#000000")`

色は赤・緑・青の RGB の 2 桁の 16 進数で指定するため，00（一番暗い）〜FF（一番明るい）までの 256 段階です。#FF0000 とすると赤だけ最も明るい FF なので赤い円，#0000FF とすれば青い円が描かれます。

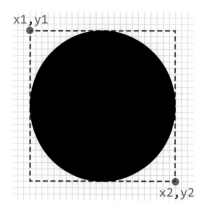

指定	赤	緑	青	色
#000000	00	00	00	黒
#000000	FF	00	00	赤
#000000	00	FF	00	緑
#000000	00	00	FF	青
#000000	FF	FF	00	黄
#000000	00	FF	FF	シアン
#000000	FF	00	FF	マゼンタ
#FFFFFF	FF	FF	FF	白

指定通りの図形は描画されるのですが，カウントダウンが始まると消えてしまいます。

これはカウントダウンするたびに，キャンバスのすべてを削除（全消去）していることで起きてしまいます。これを避けるには，消したい部分にだけ（この場合はキャンバスのテキスト）に名前を付けて，その名前のものだけ消すという処理をします。配置するパーツに名前を付けるには tag を使います。

プログラム 8-11a （変更行のみ）

```
11    def onSlide(self):
12        canvas.delete("kesu")
13        canvas.create_text(160 , 35 , text = sld.
          get() , font = ("",30) , tag = "kesu")
```

```
20    def genzan():
21        canvas.delete("kesu")
```

```
25          canvas.create_text(160 , 35 , text =
            int(lapTime) , font = ("",30) , tag =
            "kesu")
```

```
29          canvas.create_text(160 , 35 , text = "爆発
            " , font = ("",30) , tag = "kesu")
```

```
35   btn = tk.Button(mform , text = "スタート" ,
     command = btnClick , width = 8 , font = ("",14))
```

```
37   canvas.create_text(160 , 35 , text = sld.get() ,
     font = ("",30) , tag = "kesu")
```

さて，図形が消えなくなりましたが，最後に多角形が描画されても，今度は邪魔な黒い円が残ってしまっています。

これを解消するには，少しだけ変更が必要です。

プログラム 8-11b　（変更行のみ。★は新たに挿入。）

```
     28          else:
★    29              canvas.delete("all")
29   30              canvas.create_text(160 , 35 , text = "爆発
                    " , font = ("",30) , tag = "kesu")
```

28 行の次の行に，全消去するメソッドを追加するだけです。

もっと細かく制御するには，以下のように変更します。

プログラム 8-11c　（変更行のみ。）

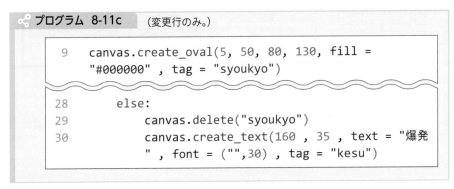

```
9    canvas.create_oval(5, 50, 80, 130, fill =
     "#000000" , tag = "syoukyo")
```

```
     28          else:
     29              canvas.delete("syoukyo")
     30              canvas.create_text(160 , 35 , text = "爆発
                    " , font = ("",30) , tag = "kesu")
```

9 行でタグを設定して，29 行にそのタグを指定して消去しています。

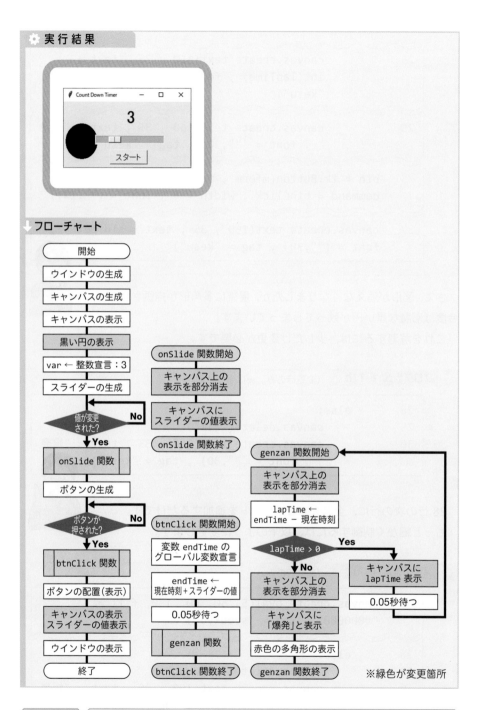

⬇ フローチャート

※緑色が変更箇所

練習問題 8-11

　　円の代わりに四角形にし，色が茶色から赤に変化するように変更して，プログラムを改良しなさい。

コラム　より面白いゲームをめざして

　例題 8-11 で作成したプログラムは，狙い通り動くプログラムとなりました。ですが，このプログラムはライブラリの使用方法の学習のために，機能を制限して作成しています。ですが，これまで学習した知識を盛り込むことで，もっと面白いゲームに改良できそうです。

　例えば，ストップボタンを作り爆発寸前で止める，ゲーム中は秒数のカウントを隠してストップボタンを押すと残りの秒数が表示されるなど，いろいろな工夫が考えられます。

　下に 10 秒を頭の中で数えてストップすると，何秒ぐらいの誤差が生じているかを示すプログラムを紹介します。このようなプログラムを参考に例題 8-11 のプログラムを，自分なりに面白いと思うプログラムに改良してみてはいかがでしょうか。

【サンプルプログラム】

```python
from time import time

s = 0 # スタート時間
e = 0 # 終了時間
d = 0 # 差分

t = input("10 秒を当てます。Enter キーでスタートします＞")

if t in "":
    print("頭の中で計測中 ...")
    s = time()

t = input("Enter キーでストップします＞")
if t in "":
    print("停止！")
    e = time()

d = round(e - s, 1)

print("あなたの 10 秒は :" , d , "でした。")
if d == 10.0:
    print("完璧！")
elif d >= 9.0 and d < 10.0:
    print("優秀！")
else:
    print("やり直し！")
```

Chapter
8

- □ ほかの人が作った関数などのプログラム（ライブラリ）を利用できる機能があり，import で宣言して使える。
- □ 日時のライブラリ datetime がある。

datetime.datetime	日付と時刻の両方を扱える
datetime.date	日付を扱える
datetime.time	時刻を扱える
datetime.timedelta	時間差・経過時間を扱える

- □ 日時を表示するときには，一緒に書式を付けることができる。

　実際にはメソッドを追加することで，指定した部分のデータだけを取り出すことができる。
datetime.datetime.now()　今日の日付と現在時刻
datetime.datetime.now().time()　　今の時刻
datetime.date.today()　　今日の日付

- □ 乱数を発生させるライブラリ random がある。

リスト内から任意の要素が選ばれる。
random.choice(リスト変数)

数値1から数値2までの乱数を整数で発生させる。
random.randint(数値1，数値2)

- □ 数学の計算でよく使われるライブラリ math がある。

math. メソッド

- □ タートルを動かしてグラフィックを描画するライブラリ turtle がある。

turtle. メソッド

- □ グラフィックスやウインドウ，ボタンなどの部品（ウィジェット）の表記もライブラリ tkinter を利用すると使うことができる。

全体のまとめ

　1章から8章まで多くのプログラムを作ってきましたが，あくまでも「Python の雰囲気が体験できるような」ものに過ぎません。ただ，スマートフォンやパソコンを使っていても利用者に過ぎなかった皆さんが，作る側になれることはわかったと思います。普段何気なく使っているアプリでも，こんなにもさまざまな事を考えて作られているのです（ボタンの配置一つでも気を遣っているのです）。

```
・ウィジェット
  ウインドウの生成   変数 = tkinter.Tk()
  ラベルの生成      .Label( 引数 1 ， 引数 2 ， ……)
  ボタンの生成      .Button( 引数 1 ， 引数 2 ， ……)
・ウィジェットの引数
  text = " ウィジェット上に表示する文字 "
  command = ウィジェットを操作したら実行する命令（関数を呼ぶ）。
  font = (" フォント名 " ， " フォントサイズ " ， 太字指定 ， 斜体指定 ， 下線
  指定 ， 取消線指定 )
```

☐ 時間待ちの表記の仕方がある。

```
tkinter.after( 待ち時間 ， 呼び出す関数 ， 関数へ渡す引数 )
```

☐ ウィジェットもグローバル変数宣言しないと，関数内で利用できない。

☐ ウインドウ内にキャンバスという描画領域を作ることができる。

```
変数 = tkinter.Canvas( キャンバスを作成するウインドウ名 ， 引数 1 ， 引数 2
      ……)
```

☐ 画像ファイルを読み込んで表示することができる。

```
tkinter.PhotoImage(file = " ファイル名 " ， width = 横幅 ， height = 高さ )
```

☐ スケールというマウスでスライドさせて値を得ることができるウィジェッ
  トがある。

```
変数 = tkinter.Scale( キャンバスを作成するウインドウ名 ， 引数 1 ， 引数 2
      ……)
```

　1章で説明したようにプログラムが組み込まれているのは，スマートフォン
やパソコンのアプリだけではありません。目にする機器，手にする機器のほと
んどに直接・間接的にプログラムが組み込まれています。プログラムがわかる
と，機器の動作する仕組みや考え方までわかるようになります。要不要という
0か100の考えではなく，手にした機器との付き合い方が変わっていくきっ
かけになるのがプログラミングの学習です。

　これからはぜひ，ただ「便利なアプリだな」という感想ではなく，「この便
利なアプリはどのように作られているのかな」，「自分でも作れるかな」と思っ
ていただけたらと願っています。

付録 1　Python のインストール

インストーラの入手と実行

1　Python 公式サイトにアクセスします。
https://www.python.org/

（2022 年 8 月現在）

2　Downloads タブをクリックして開いたウィンドウ内の Python3.10.5 ボタン
をクリックします。

3　ダウンロード終了後，任意の場所に
保存します。（ここでは「ダウンロード」
フォルダ）

4　保存したインストーラ「python 3.10.5 amd64.exe」をダブルクリックして実
行します。

インストール中の設定

1 インストールオプションの選択画面で「Add Python 3.10 to PATH」のチェックボックスにチェックを入れます。（推奨）

※PATHを設定しておくと，どのフォルダからもPythonプログラムが実行できるようになる。

2 チェックが入ったことを確認できたら，「Install Now」をクリックします。

3 しばらく待つと，インストール終了の画面が表示されます。
「Disable path length limit」オプションを実行してパスの長さ制限を解除したい場合は，クリックして実行しておきます。
（実行完了すると，このオプションは表示されなくなります。）

※実行すると，260文字までに設定されているパス（フォルダとファイル名）の長さ制限が解除される。

4 Closeボタンをクリックする。

Python の実行と終了

1　［Windows システムツール］‐［コマンドプロンプト］をクリックして，コマンドプロンプトアプリを起動します。

2　プロンプト「>」に続いて「python」と入力して Enter キーを押すと，インストールした Python 3.10.5 が実行されます。

3　Python プロンプト「>>>」に続いて「print("Hello Python")」と入力して Enter キーを押すと，Python の print() 関数により，文字列「Hello Python」が画面に表示されます。

4　Python を終了するときは，「>>>」に続いて「exit()」と入力して，Enter キーを押します。

　　または「>>>」に続いて Ctrl ＋Z キーを押して「^Z」と入力して，Enter キーを押します。

付録 **2** IDLE の使い方

IDLE の起動

1 ［Windows ボタン］−［すべてのアプリ］−［Python3.10］にある IDLE（Python 3.10 64-bit）をクリックし，IDEL を起動します。

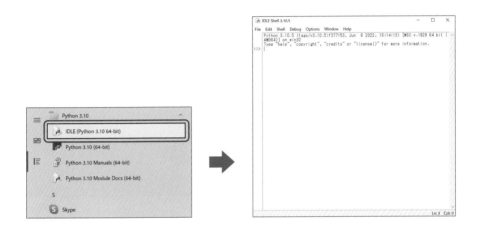

Python シェルの利用 ※対話的に直接プログラムを入力して実行

1 Python プロンプト「>>>」に続いて「print("Hello Python")」と入力して Enter キーを押すと，Python の print() 関数により，文字列「Hello Python」 が画面に表示されます。

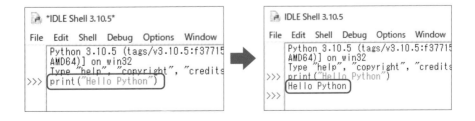

Pythonファイルを作成して実行 ※プログラムをファイルに保存して実行

1 　IDLE のメニューの [File] – [New File] をクリックし，プログラムを作成する
ための新しいウィンドウを表示します。

（ Ctrl + N キーのショートカットを利用することもできます。）

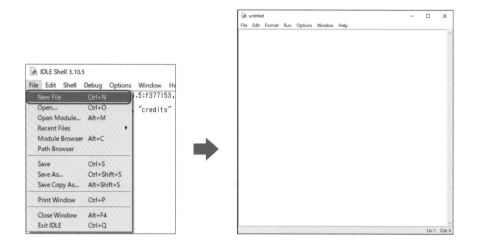

2 　表示されたウィンドウにプログラムを入力します。

（例）
```
x = 1
y = 2
print(x+y)
```

3 　IDLE のメニューの [File] – [Save As] をクリックすると，「名前を付けて保存」
のウィンドウが表示されます。

（ Ctrl + Shift + S キーのショートカットを利用することもできます。）

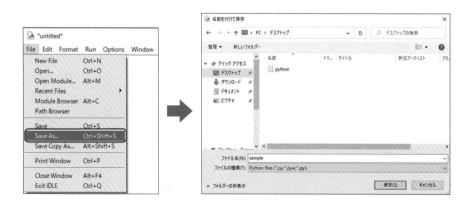

4 保存したいフォルダ（ここではデスクトップ）とファイル名（ここでは sample）を入力して，保存ボタンをクリックします。（ファイルの拡張子は自動的に .py なります。）

5 IDLE のメニューの［Run］－［Run Modules］をクリックすると，プログラムが実行され，IDLE Shell 画面に実行結果が表示されます。
（ F5 キーのファンクションキーを利用することもできます。）

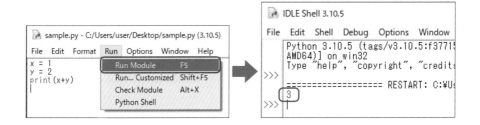

IDLE の終了

1 IDLE のウィンドウの右上にある ✕ ボタンをクリックし，終了します。

Visual Studio Code の インストール

インストーラの実行

1 インストーラー（インストール用に ダウンロードした実行ファイル）を起 動すると，使用許諾契約書の画面が表 示されます。

2 一通り読んだら，左下の［同意する （A）］にチェックを入れ，［次へ（N）＞］ をクリックします。

3 追加タスクの選択はおすすめ設定で チェックが入っているので，基本的に そのまま［次へ（N）＞］をクリック します。

4 追加タスクで選択した一覧が表示されたら，［インストール（I）］をクリックすると，インストールが始まります。

5 インストールが終了すると，完了画面が出るので［Visual Studio Code を実行する］にチェックが入っていれば，［完了（F）］をクリックすると同時に起動します。

1 メニューバー（一番上）

Visual Studio Code の機能を呼び出すメニューが並んでいます。

2 アクティビティバー（一番左の縦長）

よく使用する機能がアイコンで並んでいます。ファイルの新規作成やファイルの検索などができます。

3 サイドバー（アクティビティバーのすぐ右横）

アクティビティバーで選択した内容が表示されます。例えばフォルダが開かれている場合は，フォルダ内のファイル一覧が表示されます。

4 エディターグループ（右側上）

プログラム（ソースコード）を入力・編集作業をする画面です。画面をさらに分割して複数ファイルを編集できるので，グループという名前がついています。

メモ帳と同じく入力が行えますが，メモ帳より優れているのは単語や命令ごとに色分けされて見やすくする機能があることです（シンタックスハイライトといいます）。これによりプログラム内の構造が把握しやすくなります。また，入力中に「もしかして，この命令を入力したいのか？」と候補を表示してくれるインテリセンスという補助機能が大変便利です。

5 パネル（右側下）

[問題] や [出力], [デバッグコンソール] や [ターミナル] などが並び（バージョンによって異なることがあります），タブを押して切り替えます。プログラム実行上問題となる警告やエラー，デバッグ情報などが表示されます。

基本的にエディターグループで作っているプログラムの実行結果は，この部分のターミナルに表示されます。Macintosh では「ターミナル」，Windows では「コマンドプロンプト」と呼ばれるウインドウを使わない OS 機能を実行する環境（シェルといいます）が呼び出されて，Visual Studio Code の一部のように動作します。

ターミナルの縦長四角が「プロンプト」と呼ばれる命令入力を待っている記号で，ターミナルが選択されていないときは輪郭線だけ，選択されているときは白い四角になります。この状態でないと入力ができません。

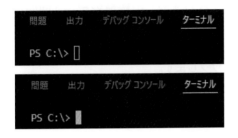

非選択状態

選択状態

プロンプトに「PS C:」のように「PS」と付いていれば，PowerShell という実行環境が使われています。

PowerShell について

Python をインストールすると，同時に組み込みターミナル（Integrated Terminal）として PowerShell がインストールされます。PowerShell は Windows 標準のコマンドプロンプトよりも拡張されたシェルで，コマンドレット（cmdlets）と呼ばれる独自のコマンドを用いることができ，900 を超える命令が利用可能となります。

PowerShell をインストールせず，コマンドプロンプトを指定して使うこともできます。

6 ステータスバー（一番下）

エディターグループ内の文字位置，文字コード，対象プログラミング言語などが表示されます。

Visual Studio Code の日本語化

Visual Studio Code をインストールした直後は英語仕様のため，あらゆる表示やメッセージが英語です。日本語化するには，拡張機能の組み込みが必要です。

1 アクティビティバーから四角が重なったアイコンの Extensions をクリックします。

2 検索場所に「Japan」と入力すると，候補の中に「Japanese Language Pack for VS Code」（もしくはこれに近い表現のもの）が出てきます。

3 ［Install］ボタンをクリックします。

4 インストールが完了すると，再起動を促されますので再起動します（何もメッセージが出なければ［Restart］ボタンをクリックします。

開発言語の拡張機能をインストール

エディターグループで入力されたプログラムを実行したときに，シームレスにターミナルに渡して実行結果を表示するためには，拡張機能の組み込みが必要です。

1 アクティビティバーから四角が重なったアイコンの Extensions をクリックします。

2 検索場所に「Python」と入力すると，候補の中に「Python」が出てきます。

3 ［Install］ボタンをクリックします。

Visual Studio Code と Visual Studio は何が違う？

Visual Studio はエディタ，インタプリタやコンパイラ，デバッガなどプログラム開発に必要なすべての機能が搭載された統合開発環境であるのに対して，Visual Studio Code は基本的にプログラム（ソースコード）入力だけを考えたエディタが主機能です。インタプリタやコンパイラ，それらをつなぐ機能は，あとから利用者が別途インストールする必要があります。

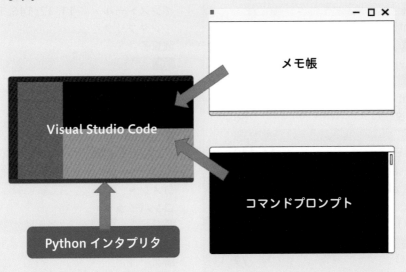

Eclipse

Eclipse（イクリプス）は，Visual Studio Code と同じくエディタを中心とした開発環境です。Eclipse は主に Java で書かれており，Java アプリケーションの開発に使用されることが多いようです。

さくいん

本書の関連データが Web サイトからダウンロードできます。

https://www.jikkyo.co.jp/download/ で

「プログラムのつくりかた Python 入門編」を検索してください。

提供データ：例題プログラムなど

■執筆

榎本 竜二 元東京女子体育大学 准教授

Windows10, Visual Studio Code は Microsoft Corporation の，その他，本書に掲載された社名および製品名は各社の商標または登録商標です。

本書に関するお問い合わせに関して
● 正誤に関するご質問は，下記いずれかの方法にてお寄せください。
 ・弊社 Web サイトの「お問い合わせフォーム」へのご入力。
  https://www.jikkyo.co.jp/contact/application.html
 ・「書名・該当ページ・ご指摘内容・住所・メールアドレス」を明記の上，FAX・郵送等，書面での送付。
  FAX：03-3238-7717
● 下記についてあらかじめご了承ください。
 ・正誤以外の本書の記述の範囲を超えるご質問にはお答えいたしかねます。
 ・お電話によるお問い合わせは，お受けしておりません。
 ・回答期日のご指定は承っておりません。
● 本書は，2022年8月の環境にて編集されています。各社，各団体により予告なく仕様変更される場合がございますが，仕様変更に関するお問い合わせには対応は致しかねますので，あらかじめご了承ください。

● 表紙・本文デザイン──難波邦夫
● イラスト──しばさな
● DTP 制作──株式会社明友社

プログラムのつくりかた

Python 入門編 Lv.0

2022年10月25日 初版第1刷発行
2024年4月10日 第3刷発行

● 執筆者 榎本竜二
● 発行者 小田良次
● 印刷所 亜細亜印刷株式会社

無断複写・転載を禁ず

● 発行所 実教出版株式会社
〒102-8377
東京都千代田区五番町5番地
電話［営 業］（03）3238-7765
 ［企画開発］（03）3238-7751
 ［総 務］（03）3238-7700
https://www.jikkyo.co.jp/

©R.Enomoto, 2022

ISBN 978-4-407-35254-2 C3004 Printed in Japan